AF451788

# TABLE GENEALOGIQUE

## DE LA MAISON DE LORAINE DE GUISE, ET DE LA MAISON DE CLEVES;
### Et l'Alliance des deux Maisons par le Mariage de Henry de Loraine Duc de Guise premier du nom, avec Catherine de Clèves.

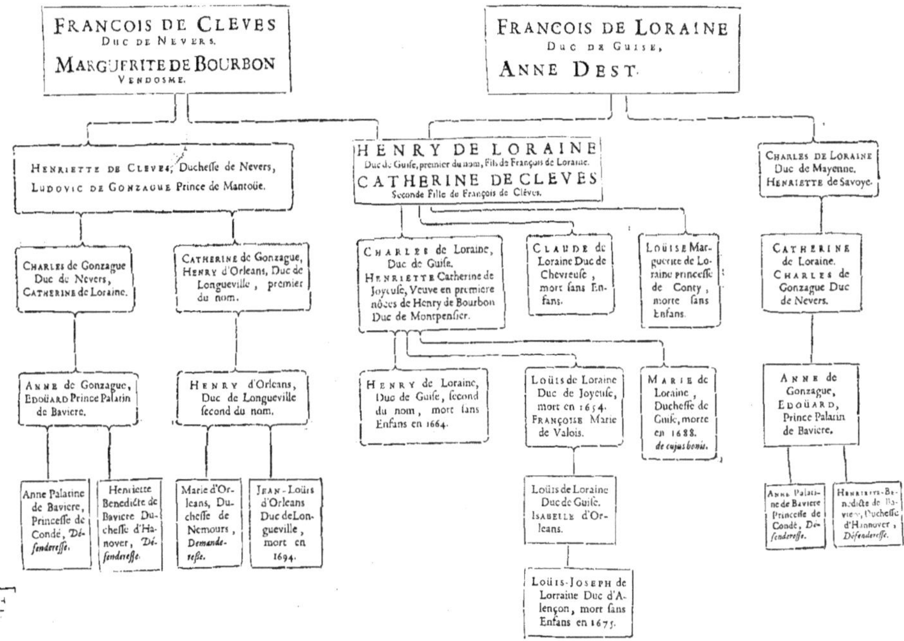

# FACTUM

POUR Henry Jule de Bourbon, Prince de Condé, Prince du Sang,
Pair & Grand-Maiſtre de France, Duc d'Anguien & de Chaſteau-
roux, Gouverneur & Lieutenant general pour le Roy des Pro-
vinces de Bourgogne & Breſſe, Anne Palatine de Bavieres ſon
Epouſe, & Henriette Benedicte Palatine de Bavieres, veuve de
Frederic de Brunſwich, Duc d'Hanover, Deffendeurs.

CONTRE *Marie d'Orleans Ducheſſe de Nemours, Demandereſſe aux
fins de ſon Exploit du 3. Février 1694. & des Requeſtes des 10. Decembre & 21. Février 1697. tant de ſon chef que comme heritiere de Monſieur
le Duc de Longueville ſon frere.*

### Trois demandes de Madame de Nemours.

**L**A premiere demande contenuë en ſon exploit du 3. Février
1694. tend à ce qu'en qualité d'heritiere par benefice d'inventaire de Madamoiſelle de Guiſe, quant aux propres elle ſoit
maintenuë en la joüiſſance des propres venans de la ligne
de Cleves, & notamment du quart de la rente de 229333. livres ſur
les Cinq Groſſes Fermes conſtituée par Contrat du 3. May 1646.
au profit de Meſſieurs de Guiſe, dont ſe paye moitié à l'Hoſtel
de Ville.

La ſeconde demande contenuë en ſa Requeſte du 10. Decembre
1696. tend à ce qu'elle ſoit maintenuë & gardée en la poſſeſſion &
joüiſſance de la Terre de Ribemont comme venant de la meſme
ligne de Cleves, & Madame la Ducheſſe de Nemours declare par
la meſme Requeſte qu'elle ne demande que la moitié de la rente.

La troiſiéme demande contenuë en ſa Requeſte du 21. Janvier 1697.
tend à ce que la moitié de la rente & la totalité de la Terre de Ribemont luy ſoient adjugés, tant du chef de Catherine de Cleves que
de Charles de Loraine Duc de Guiſe, Claude de Loraine Duc de
Chevreuſe, & de Loüiſe de Loraine Princeſſe de Conty.

MADAME LA DUCHESSE DE NEMOURS par ſon Avertiſſement
ſignifié le 30. Avril 1697. a voulu changer l'ordre de ſes demandes, &
a diviſé ſes concluſions en cinq chefs ; mais ces concluſions n'ont
point eſté priſes par aucune Requeſte, ny reglées par aucun ap-
pointement. Ainſi il ſuffit de faire voir que Madame de Nemours eſt
mal-fondée dans ſes trois demandes,

A

# F A I T.

Henry de Loraine premier du nom Duc de Guife, fut marié en 1570. avec Catherine de Cleves, il eft decedé en 1588. Catherine de Cleves fa veuve maria Loüife Marguerite de Loraine fa Fille avec François de Bourbon Prince de Conty : Par le Contract de mariage qui eft du premier jour de May 1605. Catherine de Cleves fa mere luy donne en faveur de mariage les Souverainetez de Chafteauregnault & Linchamp, tant au deça qu'au delà de la Meufe ; & il eft dit qu'au cas que ladite Demoifelle decede fans Enfans avant la Mere, les chofes données retourneront à la mere ; Catherine de Cleves maria auffi Charles de Loraine Duc de Guife fon fils aifné, & par fon Contrat de mariage de 1610. elle le declare fon fils aîné & principal heritier avec promeffe de luy garder fon heritage. En 1625. Catherine de Cleves pour donner liberté à Madame la Princeffe de Conty fa fille de difpofer des Souverainetez de Chafteauregnault & Linchamp, paffa un acte fous feing privé, qu'elle reconnut le mefme jour devant Notaires, par lequel elle renonça à la claufe de retour appofée au Contrat de mariage de Madame la Princeffe de Conty fa fille, & confentit que fa fille difpofaft des Souverainetez de Chafteauregnault & Linchamp, par vente, échange, donation ou autrement.

Le 10. Mars 1629. le Roy defirant annexer les Souverainetez de Chafteauregnault & Linchamp à la Couronne, en traita avec Madame la Princeffe de Conty ; le Contrat en fut paffé entre Meffieurs les Commiffaires de Roy & Madame la Princeffe de Conty, par lequel elle délaiffa au Roy ces Souverainetez pour la fomme de 1720000. liv. à laquelle elles furent eftimées, & Meffieurs les Commiffaires du Roy, promirent au nom du Roy de fournir dans fix mois à Madame la Princeffe de Conty des terres au denier 30. jufques à concurrence du tiers de cette fomme de 1720000. liv. & pour les deux autres tiers montant à 1114666. liv. ils promirent de fournir au nom du Roy des Offices de Greffiers & places de Maiftres Clercs des Rôlles des Tailles aufquels il eftoit attribué un fol pour livre en heredité, à prendre fur les Tailles, Taillon, & recrües des Garnifons où ils feroient eftablis en vertu de l'Edit, dont Madame la Princeffe de Conty joüiroit fur le pied du denier dix, lefquels Offices le Roy pourroit retirer en rembourfant en un feul payement la fomme de 1114666. livres, & quant aux Terres que le Roy donneroit en échange pour le tiers de la fomme de 1720000. liv. il eft dit qu'elles demeureroient à Madame la Princeffe de Conty, fes hoirs & ayans caufe, comme fubrogées aux Souverainetez de Chafteauregnault & Linchamp.

Madame la Princeffe de Conty fit en 1628. une donation de fix cens mil livres à Claude de Lorraine Duc de Chevreufe fon Frere ; elle eft decedée en 1631. Catherine de Cleves fa mere, qui eftoit vivante, & qui avoit renoncé à la clause de retour des choses par elle données à sa fille n'accepta pas sa succession, & la délaissa entierement à Charles de Loraine Duc de Guise, & à Claude de Loraine Duc de Chevreuse ses deux Enfans, pour estre partagée entr'eux également. Elle fit ce délaissement par un acte sous-seing privé.

Claude de Loraine Duc de Chevreuse voulut tirer avantage de la donation qui luy avoit esté faite par Madame la Princesse de Conty sa Sœur de la somme de 600000. liv. laquelle avec l'interest alloit à absorber entierement la succession de Madame la Princesse de Conty: Charles de Loraine Duc de Guise au contraire pretendoit contester cette donation. Ce different fut terminé par un acte passé le 12. Aoust 1631. entre Henriette Catherine de Joyeuse comme Procuratrice de Charles de Loraine Duc de Guise son mary absent, & Claude de Loraine Duc de Chevreuse, par lequel ils conviennent de partager également la succession de Loüise Marguerite de Loraine Princesse de Conty en conséquence du délaissement qui leur en avoit esté fait par Catherine de Cleves leur mere. Il y eut un autre acte passé entr'eux le 23. Septembre de la même année 1631. qui estoit une contre-lettre, par laquelle Claude de Loraine Duc de Chevreuse consentoit que tout ce qui luy seroit échû provenant de l'alienation des Souverainetez de Chasteaurenault & Linchamp retournât (aprés sa mort) à Charles de Loraine Duc de Guise son frere comme choses à luy apartenantes, nonobstant la donation qui luy avoit esté faite par Madame la Princesse de Conty.

Catherine de Cleves mourut en l'année 1637. & peu de temps aprés son decés, Charles de Loraine Duc de Guise, & Claude de Lorraine Duc de Chevreuse qui estoient aux droits de Madame la Princesse de Conty leur Sœur au moyen du délaissement qui leur avoit esté fait de sa succession par Catherine de Cleves leur Mere, se pourvûrent au Conseil du Roy pour l'execution du contrat du 10. Mars 1629. qui n'avoit pas esté entierement accomply de la part de sa Majesté; il restoit encore 14000. liv. derente ou environ à fournir en Terres par le Roy. Outre ce le Roy avoit supprimé les Offices de Greffiers & Places de Maistres Clercs des Rôlles des Tailles, le Roy en devoit le prix, par le contrat de 1629. il estoit dit que le Roy pourroit retirer les Greffes & Places de Maistres Clercs en remboursant en un seul payement la somme de 1114666. liv. c'estoit une action mobiliere que Charles de Lorraine Duc de Guise & Claude de Loraine Duc de Chevreuse avoient contre le Roy pour estre remboursez du prix des Offices supprimez.

En 1640. Charles de Loraine Duc de Guise mourut pendant le cours de cette poursuitte; il laissa trois Enfans, Henry de Loraine Duc de Guise second du nom, Loüis de Loraine Duc de Joyeuse, & Marie de Loraine.

Les 2. & 3. May 1646. il fut passé deux contracts entre Messieurs

les Commiſſaires du Roy d'une part, & Madame Catherine de Joyeu-
ſe veuve de Charles de Loraine Duc de Guiſe Mere & Tutrice de
Loüis de Loraine, & de Marie de Loraine. Henry de Loraine Duc de
Guiſe ſecond du nom Fils aiſné majeur, & Claude de Loraine Duc
de Chvereuſe eſtant aux droits de Catherine de Cleves & de Loüiſe
Marguerite de Loraine Princéſſe de Conty d'autre part.

Par le premier de ces contraƈts Meſſieurs les Commiſſaires du Roy
délaiſſerent à Catherine de Joyeuſe veuve de Charles de Loraine
Duc de Guiſe comme Mere & Tutrice de Loüis de Loraine Duc
de Joyeuſe, & de Marie de Loraine ſes Enfans Mineurs, & à Henry
de Loraine ſecond du nom Duc de Guiſe ſon fils aiſné majeur la
Terre de Ribemont, & celle de Val-Rognon pour ce qui reſtoit à
leur fournir en Terres, & délaiſſerent d'autres Terres à Claude de
Loraine Duc de Chevreuſe. A l'égard de la Terre du Val-Rognon,
& des autres Terres il ne s'en agit pas.

Par le ſecond contrat du 3. May 1646. Meſſieurs les Commiſſaires du Roy, qui eſtoit debiteur de la ſomme de 1114666. liv. pour le
rembourſement du prix des Offices ſupprimez conſtituerent, au nom
du Roy, la rente de 229333. liv. ſur les cinq groſles Fermes au profit de Catherine de Joyeuſe, comme Mere de Loüis de Loraine Duc
de Joyeuſe, & de Marie de Loraine ſes deux Enfans mineurs; de Henry
de Loraine Duc de Guiſe ſecond du nom fils aiſné majeur, la moitié
de la rente; & de Claude de Loraine Duc de Chevreuſe leur Oncle
l'autre moitié.

Henry de Loraine Duc de Guiſe ſecond du nom, a joüy luy
feul de la moitié de cette rente qui avoit eſté conſtituée, & à Catherine de Joyeuſe ſa Mere comme Tutrice de Loüis de Loraine Duc
de Joyeuſe, & de Marie de Loraine qui y avoient chacun leur part;
mais qui depuis la cederent audit Henry par la tranſaƈtion du mois
d'Aouſt 1646.

Claude de Loraine Duc de Chevreuſe, auquel l'autre moitié de
cette rente appartenoit en a auſſi joüy, il en vendit une partie de
40000. liv. au nommé le Cocq. Dans la ſuite Claude de Loraine
Duc de Chevreuſe eſt decedé ſans Enfans, Henry de Loraine Duc
de Guiſe ſecond du nom ſon Neveu accepta ſa ſucceſſion par benefice d'Inventaire; Et comme Claude de Loraine Duc de Chevreuſe
ſon Oncle avoit vendu au nommé le Coq la partie de 40000. liv.
Il la retira de le Coq, & luy en rendit le prix. Les biens de la ſucceſſion de Claude de Loraine Duc de Chevreuſe eſtoient ſaiſis réel-
lement à la requeſte de ſes Creanciers; on comprit dans la ſaiſie
réelle le reſte de la moitié de cette rente de 229333. liv. comme eſtant
de la ſucceſſion de Claude de Loraine Duc de Chevreuſe.

Henry de Loraine Duc de Guiſe ſecond du nom, pretendit au
contraire que la moitié de la rente dont avoit joüy Claude de Loraine
Duc de Chevreuſe, luy devoit retourner aprés ſon deceds en vertu
d'une

d'une fubftitution, il perdit fa caufe par Arreft de 1657. & depuis
en vertu de la contre-lettre du 23. Septembre 1631. il voulut fe pourvoir contre l'Arreft de 1657. Les Directeurs des creanciers de la fucceffion de Claude de Loraine Duc de Chevreufe, au contraire le
fouftenoient mal-fondé, difans qu'ils avoient prefté leurs deniers
à Claude de Loraine Duc de Chevreufe fur la foy de la tranfaction
du 12. Aouft 1631. paffée entre Catherine de Joyeufe, comme procuratrice de Charles de Lorraine Duc de Guife fon mary pere d'Henry
de Lorraine Duc de Guife fecond du nom, & Claude de Lorraine
Duc de Chevreufe, par laquelle ils eftoient convenus de partager
également la fucceffion de Madame la Princeffe de Conty.

Sur cela Henry de Lorraine Duc de Guife fecond du nom, &
les Directeurs des Creanciers de Claude de Lorraine Duc de Chevreufe s'accommoderent & pafferent tranfaction le 4. Octobre 1658.
par laquelle les Directeurs des Creanciers confentirent qu'Henry de
de Lorraine Duc de Guife demeurât proprietaire de cette rente;
au moyen dequoy Henry de Lorraine Duc de Guife donna mainlevée
de l'oppofition par luy formée aux criées du Duché de Chevreufe:
& en faveur de cet accommodement, pour en quelque façon in-
demnifer les Creanciers de Claude de Lorraine Duc de Chevreufe,
du délaiffement par eux fait de la rente; Henry de Lorraine Duc
de Guife s'obligea de leur payer 261000. livres pour eftre diftribuées
entr'eux, cela fut executé : Henry de Lorraine a joüy de la totalité
de la rente jufqu'à fon decedsarrivé en 1664. Par fon deceds, la rente
a paffé à Loüis Jofeph de Lorraine Duc de Guife fon Neveu, lequel
eftant decedé en 1671. la rente a paffé par fon decés à Loüis
de Lorraine Duc d'Alençon decedé en 1677. & par fon deceds à Marie
de Lorraine Ducheffe de Guife, de la fucceffion dont il s'agit.

Mademoifelle d'Orleans qui reprefentoit Marie de Bourbon Ducheffe de Montpenfier fa Mere, Sœur uterine d'Henry de Loraine
Duc de Guife fecond du nom, & de Marie de Lorraine Ducheffe de
Guife pretendit qu'elle avoit droit de fucceder à cette rente ;
que cette rente avoit efté acquife à Henry de Lorraine fecond du
nom Duc de Guife. Madame la Princeffe de Condé & Madame la
Ducheffe d'Hannover auroient dit au contraire, que la rente avoit
efté propre pour le tout, ou pour la plus grande partie à Henry de
Lorraine Duc de Guife fecond du nom; que la moitié avoit appartenu à Claude de Lorraine Duc de Chevreufe fon Oncle, & fuppofé
qu'elle eût efté acqueft à Claude de Lorraine Duc de Chevreufe :
Elle eftoit devenuë propre par fon decés à Henry de Lorraine Duc
de Guife fon Neveu. A l'égard de l'autre moitié de cette rente
Henry de Lorraine Duc de Guife n'y avoit que la part qui confiftoit
en un tiers dans la moitié : Loüis de Lorraine Duc de Joyeufe y
avoit fon tiers, & Marie de Lorraine y avoit l'autre tiers; que Mademoifelle d'Orleans n'eftoit heritiere des acquefts d'Henry de Loraine

Duc de Guise second du nom que pour un tiers, & seule heritiere des acquests de Marie de Lorraine Duchesse de Guise ; surquoy les Parties convinrent d'Arbitres qui ont rendu leur Sentence Arbitrale le 16. Février 1692. par laquelle Messieurs les Arbitres arbitrerent la part que pouvoit pretendre Mademoiselle d'Orleans en cette rente de 229333. liv. tant comme heritiere pour un tiers d'Henry de Loraine Duc de Guise, que comme seule heritiere des acquests de Mademoiselle de Guise aux 40000. liv. de rente qui en faisoient partie qui avoit esté venduë par Claude de Loraine Duc de Chevreuse au nommé le Coq, & depuis retirée dudit le Cocq par Henry de Loraine Duc de Guise, le surplus de cette rente de 229333. liv. a esté jugé propre par lad. Sentence Arbitrale de 1692. & adjugé à Madame la Princesse de Condé, & à Madame la Duchesse d'Hanover.

Madame la Duchesse de Nemours qui n'avoit point declaré avoir aucune pretention sur la succession de Mademoiselle de Guise, n'a point esté partie dans la Sentence Arbitrale ; mais deux ans aprés la Sentence renduë, s'est avisée de dire qu'elle estoit heritiere de Mademoiselle de Guise, & qu'elle avoit droit, tant de son chef que comme heritiere de Monsieur le Duc de Longueville son Frere, decedé aprés Mademoiselle de Guise, de succeder à la moitié de la rente de 229333. liv. deduction faite des 40000. liv. qui en avoient esté adjugez à Mademoiselle d'Orleans par la Sentence Arbitrale, comme aussi qu'elle avoit droit de succeder à la totalité de la Terre de Ribemont, que la rente & la terre estoient propres à Mademoiselle de Guise, & venoient de la ligne de Cleves : Sur ce fondement elle a fait assigner Madame la Princesse & Madame la Duchesse d'Hanover en la Cour, par exploit du 3. Février 1694. qui contient la premiere demande, & ensuite a presenté lesd. deux Requestes les 10. Decembre 1696. & 21. Janvier 1697. qui contiennent ses seconde & troisiéme demandes.

Premiere demande de Madame de Nemours,

Madame de Nemours par son exploit du 3. Février 1694. demande d'estre maintenuë & gardée en la joüissance des propres de la ligne de Cleves, & notamment de la rente sur les cinq Grosses Fermes constituée par Contrat du 3. May 1646. au profit de Catherine Henriette de Joyeüse en qualité de Tutrice de Loüis de Lorraine Duc de Joyeuse & de Marie de Loraine, & à Henry de Loraine fils aîné majeur, & à Claude de Lorraine Duc de Chevreuse.

Madame de Nemours, pour establir cette premiere demande, dit que la rente sur les cinq Grosses Fermes a esté baillée par le Roy en échange des Souverainetez de Chasteauregnault & Linchamp ; que ces Souverainetez avoient esté données à Loüise Marguerite de Lorraine par Catherine de Cleves sa Mere, en faveur de son mariage

avec Monſieur le Prince de Conty ; que ſi ces Souverainetez ſe fuſſent trouvées dans la ſucceſſion de Mademoiſelle de Guiſe , elles ſe-
roient dans ſa ſucceſſion propres de la ligne de Clêves & appartien-
droient aux parens du coſté & ligne de Clêves, par conſequent que
cette rente ayant eſté baillée en échange de ces Souverainetez, elle
eſt ſubrogée aux Souverainetez & doit appartenir aux parens de Mademoiſelle de Guiſe du coſté & ligne de Cleves : Elle allegue l'article
143. de la Couſtume de Paris ; diſant que par cet article , *quand aucun*
*échange ſon propre heritage à l'encontre d'un autre heritage , l'heritage*
*eſt propre à celuy qui l'a eu par échange , qu'eſtant parente de Mademoiſellé*
*de Guiſe du coſté & ligne de Cleves* , elle a droit de ſucceder
à la rente , de meſme qu'elle avoit droit de ſucceder aux
Souverainetez ſi elles s'eſtoient trouvées en la ſucceſſion de Mademoiſelle de Guiſe ; Que par l'article 326. de la Couſtume de Paris,
il eſt dit, *qu'aux propres heritages ſuccedent les parens qui ſont les plus proches*
*du coſté & ligne dont ſont venus & échús au deffunt les heritages* ; Que
ſuivant cet article elle a droit de ſucceder à la moitié de la rente ;
Que la rente a eſté conſtituée pour & au lieu des Offices ſupprimez
qui avoient eſté baillez en échange des Souverainetez.

Madame de Nemours ajoûte que par la Sentence Arbitrale renduë
entre Mademoiſelle d'Orleans & Meſdames les Princeſſe & Ducheſſe
d'Hannover , la rente a eſté jugée propre venant de la ligne de
Cleves, & que c'eſt ſur ce fondement que Meſſieurs les Arbitres l'ont
adjugée à Madame la Princeſſe de Condé & Ducheſſe d'Hanover.

Meſdames les Princeſſe & Ducheſſe d'Hanover, ſouſtiennent Madame de Nemours mal-fondée en ſa premiere demande : Premierement, elles diſent qu'il ne s'agiſſoit point devant Meſſieurs les Arbitres ſi la rente ſur les cinq Groſſes Fermes, eſtoit propre de la ligne
de Cleves ; il s'agiſſoit ſimplement ſi la rente eſtoit propre ou acqueſt
dans la ſucceſſion de Mademoiſelle de Guiſe : Mademoiſelle d'Orleans pretendoit qu'elle eſtoit acqueſt pour le tout, oû pour la plus
grande partie, & qu'elle avoit droit d'y ſucceder pour une grande
partie comme heritiere des acqueſts pour un tiers d'Henry de Lorraine Duc de Guiſe.

Meſdames les Princeſſe & Ducheſſe d'Hanover pretendoient au
contraire qu'elle eſtoit propre, que la rente avoit eſté conſtituée par
le contrat du 3. Mars 1646. à Catherine de Joyeuſe, comme Tutrice
de Loüis de Lorraine Duc de Joyeuſe, & Marie de Loraine ſes deux
Enfans mineurs, à Henry de Lorraine Duc de Guiſe fils aiſné majeur,
leſquels y avoient moitié comme heritiers de Charles de Lorraine
Duc de Guiſe leur Pere : & à Claude de Lorraine Duc de Chevreuſe
leur Oncle, qui y avoit l'autre moitié. Claude de Lorraine Duc de
Chevreuſe deceda ſans Enfans, Henry de Lorraine Duc de Guiſe ,
Loüis de Lorraine Duc de Joyeuſe, & Marie de Lorraine luy ſuc-
cederent, Madame la Princeſſe & Madame la Ducheſſe d'Hannover

n'ont point demandé devant les Arbitres la rente comme propre de
la ligne de Cleves, ils l'ont demandée fimplement comme propre ;
par la Sentence Arbitrale on n'a point jugé que la rente fût propre
de Cleves, on a jugé feulement que partie de la rente eftoit acquelt
jufqu'à concurrence de 40000. liv. qu'on a adjugé à Mademoifelle
d'Orleans, & que le furplus de la rente eftoit propre fimplement
qu'on a adjugé à Mefdames les Princeffe de Condé & Ducheffe
d'Hanover heritieres des propres, il ne s'agiffoit point de la qualité
de propre entre des heritiers de differentes lignes, il ne s'agiffoit point
de quelle ligne la rente eftoit propre, Madame la Princeffe de Condé
& Madame la Ducheffe d'Hanover étoient les feules qui pretendoient
droit à la rente comme propre, elles ne l'ont point demandée
comme propre de Cleves, & les Arbitres ne l'ont point jugée propre
de Clêves. Si on fait lecture de la Sentence Arbitrale on verra qu'elle n'en dit rien du tout, ce qui a efté jugé par la Sentence Arbitrale n'a rien de commun avec ce qui eft à juger.

En fecond lieu, Madame de Nemours fe trompe dans le fait
quand elle dit que par le Contract du 3. Mars 1646. la rente a efté
baillée en échange des Souverainetez de Chafteauregnault & Linchamp. Il a efté obfervé dans le fait, que le Roy ayant fupprimé
les Offices de Greffiers & Places de Maiftres-Clercs des Rôlles des
Tailles, il eftoit debiteur à la Maifon de Guife de la fomme de
1114666. liv. pour le rembourfement du prix des Offices fuprimez,
La Maifon de Guife à qui cette fomme eftoit dûë n'avoit contre le
Roy qu'une action mobiliaire pour luy demander le payement de
cétte fomme. Meffieurs les Commiffaires du Roy avoient promis
au nom du Roy par le Contrat du 10. Mars 1629. de fournir des Offices de Greffiers & Places de Maiftres-Clercs ; & il eftoit dit que le
Roy pourroit retirer les Offices en rembourfant en un feul payement
la fomme de 1114666. liv. Meffieurs les Commiffaires du Roy ont
fourny les Offices & ont executé le Contrat de 1629. à cet égard ;
Mais cinq ans aprés en 1634. ces Offices furent fupprimez par le
Roy : Cette fuppreffion rendoit le Roy debiteur de la fomme de
1114666. livres ; ainfi l'action qu'avoit la Maifon de Guife contre le
Roy en confequence de cette fuppreffion eftoit purement mobiliaire.
Meffieurs les Commiffaires du Roy ayant depuis conftitué au nom
du Roy la rente dont il s'agit par le Contract du 3. Mars 1646. pour
cette fomme, la rente a efté acqueft à ceux aufquels elle a efté conftituée, c'eft à dire à Henry de Lorraine Duc de Guife fecond du
nom. Loüis de Lorraine Duc de Joyeufe fon Frere, & Marie de
Lorraine fa Sœur, qui y avoient moitié comme heritiers de Charles
de Lorraine Duc de Guife leur Pere, & à Claude de Lorraine Duc
de Chevreufe leur Oncle qui y avoit l'autre moitié. Il n'y a pas apparence qu'on puiffe dire que la rente ait efté baillée en échange des
Souverainetez.

Autrefois

Autrefois dans la Couſtume de Paris lors qu'il n'eſtoit point dû de lots & ventes pour échange d'heritage, lors qu'un proprietaire d'heritage avoit vendu ſon heritage un certain prix,& que pour le prix l'Acquereur avoit conſtitué rente au Vendeur,on a demandé s'il eſtoit dû lots & ventes au Seigneur duquel l'heritage eſtoit mouvant,ou ſi un tel contrat devoit paſſer pour un contrat d'échange pour lequel il n'é-toit point dû de lots & ventes, on a jugé qu'un tel Contrat n'eſtoit pas un échange, mais une veritable rente pour laquelle il eſtoit dû lots & ventes au Seigneur, & on a jugé que la rente qui avoit eſté con-ſtituée au vendeur pour le prix de ſon heritage eſtoit acqueſt au Ven-deur, quoy-que l'heritage vendu luy fût propre.

Par la meſme raiſon dans le cas dont il s'agit, le Roy eſtant de-biteur de la ſomme de 1114666. liv. pour le prix des Greffes ſuppri-mez qui avoient eſté baillez par Meſſieurs les Commiſſaires du Roy pour l'eſtimation des deux tiers des Souverainetez , & Meſſieurs les Commiſſaires du Roy ayant conſtitué une rente à Meſſieurs de Guiſe pour cette ſomme par le Contrat du 3. Mars 1646. Il n'y a pas lieu de dire que cette rente a eſté échangée avec les Souverainetez, ny auſſi de dire que la rente eſt propre à la ligne de Clevês comme eſtoient les Souverainetez, le Roy eſtoit debiteur d'une ſomme de de-niers pour laquelle il a conſtitué rente ſur ſes domaines. Ainſi Ma-dame de Nemours eſt ſans doute mal-fondée dans ſa premiere de-mande conténuë en ſon exploit du 3. Février 1694. par lequel elle demande d'eſtre maintenuë & gardée en la joüiſſance de la moitié de la rente de 229333. l. comme propre venant de la ligne de Cléves, à l'exception des 40000. liv. adjugez à Mademoiſelle d'Orleans; cette rente a fait pluſieurs degrez de ſucceſſion en la Maiſon de Lo-raine, elle a eſté conſtituée pour moitié à Henry de Loraine Duc de Guiſe ſecond du nom, Loüis de Loraine Duc de Joyeuſe, & Marie de Loraine, & pour l'autre moitié à Claude de Loraine Duc de Che-vreuſe leur Oncle : Henry de Loraine Duc de Guiſe, & Claude de Loraine Duc de Chevreuſe eſtant decedez ſans enfans., & par leur deceds la rente a paſſé à Loüis de Loraine Duc de Joyeuſe, & par le deceds de Loüis de Loraine Duc de Joyeuſe, à Loüis de Loraine Duc de Guiſe, & par le deceds de Loüis de Loraine Duc de Guiſe, à Loüis Joſeph de Loraine Duc d'Alençon, & par le deceds de Loüis Joſeph de Loraine Duc d'Alençon à Marie de Loraine Ducheſſe de Guiſe, de la ſucceſſion dont il s'agit : Ainſi la rente dont il s'agit, eſt dans la ſucceſſion de Marie de Loraine Ducheſſe de Guiſe propre de Loraine.

Madame de Nemours a dit que les Offices de Greffiers & Places de Maiſtres-Clercs ayant eſté ſupprimez en 1634. Henry de Loraine Duc de Guiſe ſecond nom, & Claude de Loraine Duc de Chevreuſe avoient voulu depuis ſe pourvoir au Parlement contre Monſieur le Procureur General pour eſtre reſtablis en la poſſeſſion & joüiſſance des Souverainetez.

C

Mais cette objection eſt inutile & n'eſt d'aucune conſideration; car la ſuppreſſion faite par le Roy, des Greffes, ne donnoit pas droit à Meſſieurs de Guiſe de demander d'eſtre reſtablis dans la poſſeſſion & joüiſſance des Souverainetez, cela leur donnoit ſeulement une action pour demander le rembourſement de la ſomme de 1114666. L. portée par le Contrat du 10. Mars 1629. Il avoit eſté convenu que le Roy pourroit retirer les Offices de Greffiers, & qu'en ce faiſant il payeroit la ſomme de 114666. liv. Les Greffes ayant eſté ſupprimez en 1634. le Roy eſtoit ſeulement debiteur d'une ſomme de deniers qu'il devoit; Meſſieurs de Guiſe n'avoient qu'une action purement mobiliaire, ils n'avoient pas droit de demander d'eſtre reſtablis dans la poſſeſſion & joüiſſance des Souverainetez, ils avoient ſeulement une action pour demander le payement de la ſomme de 1114666. liv. ils n'avoient pas droit de demander à rentrer dans les Souverainetez, qu'au cas que le Roy fût refuſant de les rembourſer & de les ſatisfaire; cette action n'eſtoit que ſubſidiaire, & ſubſequente; cette action ſubſidiaire n'eſtoit ouverte qu'au refus de payement: Le Roy n'a point fait refus de ſatisfaire Meſſieurs de Guiſe, puis qu'ils ont accepté la rente qui leur a eſté conſtitué pour la ſomme qui leur eſtoit düe.

Mais ſuppoſé qu'on pût dire que la rente a eſté baillée en échange des Souverainetez, & qu'on pût faire paſſer le Contrat du 3. Mars 1646. pour un Contrat d'échange : Il faut examiner quel effet peut avoir la ſubrogation qui reſulte de l'échange.

La Coutume de Paris par l'article 143. dit, *que quand aucun échange ſon propre heritage à l'encontre d'un autre heritage, l'heritage eſt propre de celuy qui l'a eu par échange.* Pluſieurs autres Couſtumes contiennent pareille diſpoſition. La Couſtume d'Anjou, article 273. dit : *Si aucun baille ou tranſporte ſon heritage en échange, tel heritage ſortit la nature de l'heritage permuté, & entre ſes heritiers ſeroit départy comme euſt eſté l'heritage dont permutation eſt faite.*

La Couſtume du Perche, article 89. dit, *l'heritage acquis par échange faite de l'heritage propre, eſt ſubrogé au lieu dudit heritage propre.*

La Couſtume de Berry, titre 4. article 14. dit, *heritage acquis par permutation au lieu d'heritages venans de coſté & ligne ſont comme ſubrogez au lieu d'iceux cenſez de meſme nature, qualité, ligne, eſtoc, comme eſtoient leſdits propres.*

La Couſtume de Cambray, art. 6. titre 2. dit : *Heritages échangez but à but ſans ſoulte & ſans fraude, ſont tenus & reputez en ſucceſſion de telle nature comme ceux qui ont eſté baillez en échange,*

La Couſtume d'Amiens, titre des Fiefs, article 30. dit, *que les heritages pris par échange ſont de pareille nature & condition que les heritages baillez en contre échange.*

Pluſieurs autres Couſtumes contiennent pareille diſpoſition, c'eſt l'eſprit general de noſtre Droit François.

**Mais** les Couſtumes qui ont parlé d'heritages échangez pour autres heritages, feront-elles eſtenduës aux rentes? Y aura-t'il ſubrogation lors qu'un heritage eſt échangé pour une rente conſtituée à prix
d'argent ? On a dit que les rentes conſtituées ſont reputées immeubles, qu'elles deviennent propres par ſucceſſion , de même que les
heritages, & que lors qu'on échange un heritage pour une rente,
l'échange doit avoir même effet pour la ſubrogation que ſi un heritage eſtoit échangé pour un autre heritage touchant le droit de ſucceder entre les heritiers de celuy qui a fait l'échange; c'eſt à dire que
les meſmes heritiers qui auroient eû droit de ſucceder à l'heritage
qui a eſté baillé en échange ont droit de ſucceder à la rente
qu'on a pris en contr'échange; le droit des heritiers de celuy qui a
fait l'échange n'eſt point changé par l'échange, on a fait extenſion
des heritages aux rentes : La Couſtume de Bourbonnois eſt conçûë
en termes generaux, l'article 269. dit , *quand aucun a échangé ſa propre*
*choſe à l'encontre d'aucune autre , ladite choſe échangée eſt le propre heritage de*
*celuy qui l'a échangée, & eſt ſubrogée au lieu de celle qu'il a échangée.* Cela
s'entend de tous immeubles : Quand un immeuble eſt échangé pour
autre immeuble , l'immeuble qu'on a pris en échange eſt ſubrogé à
l'immeuble qu'on a baillé en contr'échange.

La ſubrogation qui procede de l'échange eſt fondée ſur deux
principes qui reſulte de l'eſprit general de nos Couſtumes & de nos
mœurs : Le premier, eſt qu'on a toûjours eû en grande recommen-
dation de conſerver les biens dans les Familles, d'où ils viennent
& de favoriſer les heritiers du Sang : Le ſecond principe eſt fondé
ſur la preſomption de volonté ; on preſume que celuy qui fait un
échange n'a pas de volonté de vendre & d'aliener, il échange ſon
immeuble qui ne l'accommode pas pour un autre immeuble qui
l'accommode mieux; s'il a differens heritiers, on preſume que ſon
intention & ſa volonté n'a pas eſté de faire aucun changement au
droit de ſes heritiers & de favoriſer les uns au prejudice des autres.
Nos Couſtumes veulent que l'immeuble qu'on a pris en échange
ſoit ſubrogé à celuy qu'on a baillé en contr'échange & y ſoit ſubrogé. Sur ces principes le droit s'eſt eſtably ſuivant nos mœurs que
l'heritage ou rente qu'on prend en échange, eſt de meſme qualité
que l'heritage qu'on baille en contr'échange pour appartenir aux
mêmes heritiers & eſtre departy entre-eux de même.

Mais l'échange aura-t'elle auſſi même effet lors que les choſes échangées ſont ſcituées en differentes Couſtumes ? Par exemple on échange un immeuble ſcitué à Paris pour un autre immeuble ſcitué dans
une autre Couſtume qui a une diſpoſition differente de celle de Paris?
La plus ſaine opinion eſt que la ſubrogation peut avoir ſon effet,
quoy-que les choſes échangées ſoient ſcituées en differentes Coûtumes
par la raiſon qu'il n'y a qu'une des deux Couſtumes à ſuivre & à conſiderer, l'effet de l'échange eſtant de ſubroger une choſe à l'autre.
Par exemple quand une perſonne échange un immeuble ſcitué à Paris

qui se regle suivant la Couſtume de Paris pour un autre immeuble ſcitué dans une autre Couſtume, on conſiderera ſeulement la Coûtume de Paris dans la ſucceſſion de celuy qui a baillé ſon immeuble ſcitué à Paris pour un autre immeuble ſcitué en une autre Couſtume, & ſes heritiers auront ſuivant la Couſtume de Paris même droit ſur l'immeuble pris en échange, quoyque ſcitué dans une autre Coutume. Il n'y a qu'une Couſtume à ſuivre dans les Familles de ceux qui ont fait l'échange & la permutation ; l'heritage pris en échange eſt ſubrogé à l'autre immeuble baillé en contr'échange. Le droit de ſucceder à l'heritage pris en échange ne ſe regle pas par la Couſtume du lieu où l'heritage baillé en contr'échange eſt ſcitué, *& vice verſa*, l'heritage baillé en échange ne ſe reglera pas dans la Famille de celuy auquel il a eſté baillé par la Couſtume où il eſt ſcitué ; mais par la Couſtume du lieu où l'autre heritage permuté eſt ſcitué. La raiſon ſur laquelle cela eſt fondé, eſt que noſtre Droit François a voulu que le droit des heritiers de ceux qui ont fait l'échange ne fût point changé ; l'effet de l'échange eſt de ſubroger les immeubles l'un à l'autre, & d'attribuer aux heritiers ſur l'immeuble qu'on a pris meſme droit que ſur celuy qu'on a baillé : Il ſeroit inutile d'expliquer davantage quel effet peut avoir la ſubrogation qui procede de l'échange.

Ainſi ſuppoſé que les Souverainetez de Chaſteauregnaut & Linchamp euſſent eſté échangées avec la rente de 229333. liv. & que le Contrat du 3. Mars 1646. paſſe pour un Contrat d'échange, il y auroit neceſſité de dire ſuivant les principes de noſtre Droit François; que Madame la Princeſſe de Condé & Madame la Ducheſſe d'Hannover auroient meſme droit ſur la rente qu'elles auroient eû ſur les Souverainetez ſi l'échange n'avoit pas eſté fait, & ſi elles s'eſtoient trouvées dans la ſucceſſion de Mademoiſelle de Guiſe : Il y auroit neceſſité de dire que le droit de ſucceder que pouvoit avoir l'une & l'autre ligne de Loraine & de Clêves, n'a pas eſté changé par l'échange.

Mais la ſubrogation qui ſe fait d'un immeuble à un autre immeuble à cauſe de l'échange n'eſt que pour les heritiers de ceux qui font l'échange qui s'eſt fait entr'eux : Au ſurplus les heritages permutez ( en ce qui concerne l'intereſt de tierces perſonnes ) ne change pas par l'échange : Par exemple la qualité d'heritage feodal, la qualité d'heritage roturier ne change pas de qualité par l'échange au reſpect du Seigneur dont ils ſont mouvans. Ceux qui échangent leurs heritages ne peuvent faire prejudice à des tierces perſonnes, ils ne peuvent faire prejudice aux Seigneurs dont les biens ſont mouvans. La ſubrogation qui reſulte de l'échange n'a effet que dans les Familles de ceux qui font l'échange & la permutation, l'immeuble qu'on a pris en échange eſt ſubrogé à l'autre heritage qui a eſté baillé en contre-échange quant au droit d'y ſucceder. La ſubrogation a ſeulement effet *intra familiam, & non extra familiam*. C'eſt ce que Mᵉ Charles du Moulin ſemble en quelque façon avoir voulu dire en ſa note ſur l'article

ticle

ticle 30. de la Couſtume d'Amiens, cet Autheur n'a parlé que ſuper-
ficiellement de la matiere, & ne s'eſt pas tout-à-fait bien expliqué;
mais il ſemble qu'il a voulu dire que quand on échange, un immeuble
pour un autre immeuble, la ſubrogation qui ſe fait d'un immeuble à
l'autre n'eſt que pour les qualitez intrinſeques qui regardent l'intereſt
des heritiers de ceux qui ont fait l'échange, & non pas les qualitez
extrinſeques qui regardent un tiers. *In titulo ſcilicet reſpeƈtu antiqui vel
novi prædii reſpeƈtu acquirentium ſed non reſpeƈtu qualitatum extrinſecarum
vel realium ipſius fundi quia de feudali non fit cenſuale vel contra.* Le même
Auteur repete la meſme diſtinƈtion des qualitez intrinſeques & extrinſeques dans ſa note ſur l'article 273. de la Couſtume d'Anjou.
Les qualitez qu'on peut appeller intrinſeques ſont celles qui regardent les Familles de ceux qui ont fait l'échange touchant le droit de
ſucceder, & le partage qui eſt à faire des heritages permutez. Les heritiers ont meſme droit ſur l'immeuble pris en échange qu'ils auroient
eû ſur l'immeuble baillé en contr'échange & doit eſtre départy de
meſme: Les qualitez extrinſeques ſont celles qui regardent un tiers.
Le motif des Couſtumes eſt qu'elles n'ont pas voulu que par l'échange le droit des heritiers reçût aucun changement ny diminu-
tion.

Ainſi ſuppoſé que le Contrat du 3. May 1646. paſſât pour Contrat d'échange, & qu'on puiſſe dire que la rente a eſté donnée en
échange, & qu'en conſequence la rente ſoit propre de la ligne de
Clêves de meſme que les Souverainetez; Madame de Nemours ſe
trouveroit mal-fondée en ſa premiere demande contenuë en ſon Exploit du 3. Février 1694. qui tend à ce qu'elle ſoit maintenuë dans la
moitié de cette rente, & Madame la Princeſſe de Condé & Madame
la Ducheſſe d'Hannover auroient elles ſeules droit de ſucceder à la
rente à l'excluſion de Madame de Nemours: Elles ont droit de ſucceder à la rente de meſme qu'elles auroint eû droit de ſucceder aux
Souverainetez ſi elles s'eſtoient trouvées dans la ſucceſſion de Mademoiſelle de Guiſe.

Le droit commun des Souverainetez de l'Europe touchant le droit
d'y ſucceder, eſt que repreſentation a lieu à l'infiny en ligne direƈte
& collaterale, & que l'aiſné a la prerogative d'y ſucceder preferablement aux puiſnez: Madame la Princeſſe de Condé & Madame la
Ducheſſe d'Hannover qui ſont de la branche aiſnée & maſculine, qui
repreſentent Charles de Gonzagues leur ayeul qui eſtoit fils aiſné
d'Henriette de Clêves, auroient droit d'y ſucceder à l'excluſion de
Madame de Nemours & de Monſieur de Longueville, qui repreſentent Catherine de Gonzagues leur ayeule, qui eſtoit fille de Catherine de Clêves. La repreſentation à l'infini pour le droit de ſucceder aux Souverainetez a toûjours eſté obſervée, & le droit d'y ſucceder a toûjours eſté deferé aux aiſnez & à ceux qui les repreſentent: Cela ſe pratique ainſi pour le Royaume d'Eſpagne, pour le

D

Royaume de Portugal, pour le Royaume d'Angleterre ; cela n'a pas
befoin de preuve ; cela eft fçû & connu de tout le monde, les Hif-
toires de ces Royaumes en font foy.  Il y a mefme des Eftats infe-
rieurs & fubalternes où la reprefentation a lieu à l'infini en directe
& collaterale : Par exemple le Duché de Lorraine qui eft un Fief de
l'Empire du premier ordre, on y fuccede par reprefentation à l'infini
en directe & collaterale, non feulement pour le droit de fucceder
au Duché, mais auffi pour le droit de fucceder entre les fujets de ce
Duché à leurs biens particuliers. Madame la Princeffe de Condé &
Madame la Ducheffe d'Hannover reprefentent Charles de Gonzagues
leur ayeul, qui eftoit fils aifné d'Henriette de Clêves.

La reprefentation à l'infini en ligne directe & collaterale eft fondée fur le droit du Sang, & fur le droit naturel; il eft naturel que les
enfans reprefentent leur pere, & qu'à défaut de defcendans en ligne
directe, le parent collateral qui reprefente le plus proche fuccede.
Le droit Romain a borné & limité la reprefentation en ligne collaterale ; mais cela s'eft fait par pure politique pour retrancher les
conteftations & les procés que la reprefentation à l'infini en ligne
collaterale caufoit fouvent dans les familles des Particuliers. Il eft
fouvent difficile de pouvoir connoiftre les Parentez, & démefler la
fuite de plufieurs generations & des differentes alliances qui fe font
dans les Familles particulieres. Le temps efface la memoire des chofes paffées, il y a fouvent de l'obfcurité & de l'incertitude : c'eft pourquoy on a efté obligé de limiter la reprefentation en ligne collaterale, mais cette difficulté ne fe rencontre pas dans les Familles
des Princes & des Souverains; la Genealogie des Princes eft écrite
dans les Regiftres Publics, tout le monde la fçait & la connoift, c'eft
ce qui a fait qu'on a toûjours obfervé le droit naturel & le droit du
Sang pour le droit de fucceder aux Royaumes & Souverainetez ;
& la reprefentation à l'infini en ligne directe & collaterale y eft re-
ligieufement obfervée.

On ne peut pas douter que Chafteauregnault & Linchamp ne
foient Souverainetez, elles font qualifiées Souverainetez par le partage fait en 1566. entre Henriette & Catherine de Clêves, de mefme
que la Souveraineté d'Arc, qui eft apellée aujourd'huy Charleville,
elles font auffi qualifiées Souverainetez par le Contrat de Mariage
de Catherine de Clêves avec Henry de Loraine Duc de Guife premier du nom : Il y a un Jugement rendu le 12. Avril 1575. qui fait
mention qu'Henry de Loraine Duc de Guife ordonna à fon Procureur General dans les Souverainetez de Chafteauregnaut & Linchamp
de faire un Terrier : L'article premier de ce Terrier porte, *qu'à Mon-
feigneur compete & appartient à caufe de Chafteauregnaut & Linchamp, les
dignitez, preéminances, authorité, & puiffance, droits & domaine, de fe nom-
mer Roy, ou Empereur, ayant droit de porter la Couronne d'or, & icelle tenir
de Dieu.* Par la donation que fit Catherine de Clêves, à Loüife Mar-

guerite de Lorraine sa fille en 1605. en faveur de son mariage avec
Monsieur le Prince de Conty; Elles sont encore qualifiées Souverainetez; Et aussi par les Lettres Patentes du Roy du 14. Janvier 1629.
par le Contrat du 10. Mars 1629. passé entre Messieurs les Commissaires du Roy, & Madame la Princesse de Conty, & par les Contrats
des 2. & 3. May 1646. passez entre Messieurs les Commissaires du
Roy, & Messieurs de Guise.

Le Roy ne les auroit pas reconnu pour Souverainetez si cela
n'avoit esté veritable, il les a acquises pour les unir à la Couronne;
& jusqu'a lors il les a reconnu indépendantes de sa Souveraineté. On
ne peut pas dire qu'elles fussent dépendantes de quelqu'autre Souverain; Car le Souverain dont elles auroient esté dépendantes les auroit reclamées, & n'auroit pas souffert que le Roy les eût annexées
au Royaume de France.

Madame de Nemours a dit que les Souverainetez de Chasteauregnault & Linchamp n'ont point esté affectées à la ligne aisnée
ny en directe ny en collaterale, que par le deceds de François de
Clêves Duc de Nevers; les Souverainetez de Chausteauregnault &
Linchamp ont appartenu à Catherine de Clêves Comtesse d'Eu, au
prejudice d'Henriette de Clêves Duchesse de Nevers sa Sœur aisnée,
& que par le deceds de Catherine elles ont passé à Loüise Marguerite de Loraine Princesse de Conty au prejudice de Charles de Loraine
Duc de Guise son frere aisné.

Madame la Princesse de Condé & Madame la Duchesse d'Hannover répondent que dans la Famille il ne s'est rien passé de contraire
au droit & à la prerogative des aisnez pour le droit de succeder aux
Souverainetez, il est inutile de dire que ces Souverainetez ont appartenu par le deceds de François de Clêves à Catherine de Cleves Comtesse d'Eu, au prejudice d'Henriette de Clêves qui estoit l'aisnée; car
cela ne s'est fait que du consentement d'Henriette, laquelle ayant
esté mariée à Loüis de Gonzagues Duc de Mantoüe avoit la princi-
pauté d'Arc (qui s'appelle aujourd'huy Charleville) & d'autres biens
considerables de la Maison de Clêves: Elle voulut bien délaisser à
Catherine de Clêves sa Sœur puisnée les Souverainetez de Chasteauregnault & Linchamp, en faveur de son mariage avec Henry de
Loraine premier du nom Duc de Guise; le Contrat de mariage en
fait foy, & cela ne déroge en rien au droit ordinaire & legitime de
succeder qui demeure toûjours conservé aux aisnez quand ils veulent
user de leur droit: Il est pareillement inutile de dire que par le deceds de Catherine de Clêves Comtesse d'Eu, ces Souverainetez ont
passé à Loüise Marguerite de Loraine Princesse de Conty au prejudice de Charles de Loraine Duc de Guise; car cela s'est fait du consentement de Charles de Loraine Duc de Guise en faveur du mariage de Loüise Marguerite de Loraine Princesse de Conty qui épou-
soit un Prince du Sang; le Contrat de mariage en fait foy, Cathe-

rine de Clêves fit d'autres avantages à Charles de Loraine Duc de Guife fon fils aifné; on ne peut pas dire que dans la Famille les Souverainetez de Chafteauregnault & Linchamp ayent efté partagées & divifées.

En fecond lieu, Madame la Ducheffe de Nemours, dit qu'il eft inutile d'examiner comme fe regle le droit de fucceder aux Souverainetez, qu'il s'agit feulement de regler une rente fur l'Hoftel de Ville de Paris, qu'elle doit fe partager fuivant la Couftume de Paris, où elle a fa fituation.

Que la fubrogation qui fe fait par l'échange ne va qu'à donner à l'immeuble qu'on a pris en échange la mefme qualité qu'avoit l'autre immeuble baillé en contr'efchange; Que l'effet de la fubrogation eft feulement de conferver les biens à la ligne, par abftraction aux perfonnes, & qu'il fuffit que les biens foient confervez à la ligne, mais que l'effet de la fubrogation ne va pas à conferver aux heritiers de celuy qui a fait l'échange le droit de fucceder; Qu'on doit partager les biens tels qu'ils fe trouvent, fuivant les Coutumes où ils fe trouvent fcituez; Que le droit de fucceder à la rente de 229333 liv. fe doit regler fuivant l'article 326. de la Couftume de Paris, qui dit, *& quant aux propres heritages luy fuccedent les Parens, qui font les plus proches du cofté & ligne dont font avenus & échûs au deffunt lefdits heritages*, &c.

Madame la Princeffe de Condé & Mademoifelle Ducheffe d'Hannover répondent qu'il y a dans cette feconde Objection deux chofes qui impliquent contradiction : Premierement il y a contradiction de dire qu'on a eu la rente en échange des Souverainetez de Châteauregnaut & Linchamp, & que la rente fe doit partager fuivant la Couftume de Paris; car c'eft dire qu'il y a échange, & qu'il n'y a pas d'échange; qu'il y a fubrogation; & qu'il n'y a pas fubrogation, cela s'implique manifeftement. Madame la Ducheffe de Nemours par fa premiere demande contenuë dans fon exploit du 3. Février 1694. a demandé d'eftre maintenuë en la joüiffance des propres venus de la ligne de Clêves, & notamment de la rente fur les cinq Groffes Fermes conftituée par le Contrat du 3. Mars 1646. Elle a voulu établir fa demande fur ce qu'elle a dit que les Souverainetez avoient efté baillées en échange de la rente, que la rente eftoit fubrogée aux Souverainetez, & que comme les Souverainetez eftoient de la ligne de Clêves & qu'elles auroient appartenu aux Parens du cofté & ligne de Clêves, fi elles s'eftoient trouvées dans la fucceffion de Mademoifelle de Guife, la rente devoit appartenir aux mefmes heritiers comme fubrogez aux Souverainetez.

Suivant le propre raifonnement de Madame la Ducheffe de Nemours, il y a neceffité de dire, que pour fucceder à la rente qui a efté prife en échange, il faut regarder la loy qui regle le droit de fucceder aux Souverainetez qui ont efté baillées en contr'échange,

&

& non pas la Couſtume de Paris où la rente ſur l'Hoſtel de Ville a
ſa ſituation, la ſubrogation que produit l'échange rend la rente
qu'on a euë en échange de la meſme qualité qu'eſtoient les Souverainetez pour appartenir aux meſmes heritiers : Il faut regarder qui
auroit droit aux Souverainetez, & les Parens qui auroient eu droit d'y
ſucceder ont droit de ſucceder à la rente : Il faut donc de neceſſité
ſuivre la loy qui regle le droit de ſucceder aux Souverainetez, & non
pas la Couſtume de Paris où la rente qu'on a eu en échange eſt ſcituée, la rente doit appartenir aux meſmes heritiers auſquels auroient
appartenu les Souverainetez; le droit des heritiers n'a point eſté
changé par l'échange, la rente a eſté ſubrogée aux Souverainetez,
il y auroit contradiction de dire que la rente a eſté ſubrogée par
l'échange aux Souverainetez, & de dire qu'on doit ſuivre la Couſtume de Paris où la rente a ſa ſituation, & non pas la loy des Souverainetez; c'eſt dire que la rente eſt ſubrogée aux Souverainetez, & en
un meſme temps dire qu'elle n'eſt pas ſubrogée aux Souverainetez.

Comme on a bien reconnu de la part de Madame la Ducheſſe
de Nemours qu'il y avoit de la contradiction dans cette propoſition;
on a cherché une évaſion qui eſt une choſe qui s'implique : On dit
que la ſubrogation qui ſe fait par le moyen de l'échange ne va qu'à
donner à la choſe qu'on a priſe en échange la meſme qualité qu'avoit
la choſe baillée en contr'échange pour conſerver le droit de la ligne
d'où la choſe baillée en contr'échange procedoit : Que la ſubrogation
ne va pas à changer la qualité de l'immeuble qu'on a pris en échange : Que l'immeuble qu'on a pris en échange doit eſtre partagé ſuivant la Couſtume où il eſt ſcitué, que l'effet de la ſubrogation qui
procede de l'échange eſt ſeulement de conſerver les biens à la ligne
par abſtraction aux perſonnes : Qu'il ſuffit que les biens ſoient conſervez à la ligne, mais que l'effet de la ſubrogation ne va pas juſqu'aux perſonnes; Que la ſubrogation eſt pour conſerver aux heritiers de celuy qui a fait l'échange le droit de ſucceder aux biens échangez, & qu'ils doivent les partager tels qu'ils ſe trouvent ſuivant les
Couſtumes où ils ſe trouvent.

Mais ce diſcours eſt ( comme il a eſté dit ) une choſe qui s'implique. Comment concevoir la ligne par abſtraction aux perſonnes ?
Comment concevoir le droit de la ligne par abſtraction au droit des
perſonnes, cela ne ſe peut concilier, ce ſont les perſonnes qui font
les lignes : Dira-t'on, par exemple, qu'un immeuble qui vient de la
ligne paternelle appartiendra à la ligne paternelle, & neanmoins que
les meſmes Parens de la ligne paternelle n'auront pas droit d'y ſucceder. Un immeuble eſt appellé paternel, parce qu'il eſt échû au
deffunt de ſon pere, ou d'un parent collateral du coſté paternel; &
la Couſtume veut qu'il ſoit conſervé aux Parens paternels. Comment
donc concevoir la ligne par abſtraction aux perſonnes ? Si un im-

meuble paternel a esté baillé en échange pour un autre immeuble, la loy veut que l'immeuble qu'on a pris en échange soit subrogé au lieu de l'immeuble paternel qu'on a baillé en contr'échange, & appartienne aux mesmes heritiers paternels ausquels l'heritage baillé en contr'échange auroit appartenu & soit départy de mesme. Voilà l'effet que nos Coustumes ont voulu donner à la subrogation qui procede de l'échange, c'est une chose qui s'implique de dire que l'effet de la subrogation est seulement de conserver les biens à la ligne par abstraction aux personnes; c'est admettre la subrogation, & en mesme temps la détruire; c'est admettre deux choses contraires l'une à l'autre qui se détruisent.

Ainsi il y a necessité de dire que l'immeuble qu'on a pris en échange doit estre consideré dans la famille de celuy qui a fait l'échange, de mesme que l'heritage qui a esté baillé en contr'échange, & doit estre départy de mesme ; ses heritiers ont mesme droit sur l'immeuble pris en échange qu'ils avoient eû sur l'autre immeuble baillé en contr'échange, c'est à dire que si l'heritage qui a esté baillé en échange eust appartenu à la branche aisnée l'immeuble qu'on a pris en contr'échange doit appartenir à la branche aisnée.

Le Conseil de Madame de Nemours par sa Requeste signifiée le 10. Février 1699. qu'il employe pour réponse à la requeste de production nouvelle de Monsieur le Prince du 29. Novembre precedent, & pour contredits contre les pieces nouvellement produites par Monsieur le Prince par sadite Requeste, repere que la subrogation n'est que pour la qualité de propre simplement par abstraction aux personnes des heritiers qui ont fait l'échange : Le Conseil de Madame de Nemours dit premierement que la Coustume ne donne pas la faculté en disposant des heritages par échange de les changer de nature, de faire par ce moyen une roture d'un Fief, ny un Fief d'une roture : Par exemple, dit-on, supposé que celuy qui a un heritage feodal fasse échange avec une Roture, & que l'heritage en Roture se trouve dans sa succession au lieu de l'heritage feodal qu'il faut partager entre ses heritiers, c'est un heritage en Roture qu'il faut partager avec la qualité de propre ; que c'est une vaine subtilité de dire que l'heritage seroit subrogé, & ne seroit pas subrogé, & qu'il y auroit de la contradiction.

On répond de la part de Monsieur le Prince qu'il n'y a point de subtilité, que cela est estably par les veritables principes, & sur les dispositions des Coustumes : Qu'il est vray que par l'échange les heritages échangez ne changent pas de nature : Que quand celuy qui a un heritage feodal en fait échange avec un heritage en roture, l'heritage en roture qu'il prend en échange ne devient pas feodal, c'est une qualité inherente à l'heritage qui regarde de tierces personnes, & qui demeure perpetuelle entre le Seigneur & le Vassal; l'échange ne leur peut faire aucun prejudice, mais la subrogation est une fiction

legale que la Couſtume fait pour la famille de ceux qui font l'échange. Noſtre Droit François a voulu que l'heritage pris en échange fût
ſubrogé au lieu & place de l'heritage qu'on a baillé en contr'échange,
& que l'échange ne fit aucun changement pour le droit de ſucceder aux heritages échangez. Noſtre Droit François a voulu que
l'échange ne fit aucun prejudice aux heritiers de ceux qui ont fait
l'échange, & qu'ils euſſent meſme droit ſur l'heritage pris en échange que ſur l'heritage baillé en contr'échange; cela eſt fondé ſur ce
que l'on preſume que celuy qui échange ſon immeuble qui ne l'accommode pas, pour un autre immeuble qui l'accommode mieux, n'a
pas volonté de vendre, ny d'aliener, il n'a pas volonté de changer le
droit de ſes heritiers ny de donner aux uns un droit qu'ils n'auroient
pas eu, pour en favoriſer les autres. C'eſt pourquoy dans la ſuccel-
ſion de celuy qui a fait l'échange; l'immeuble pris en échange eſt
regardé comme l'immeuble baillé en contr'échange de ſes heritages,
de meſme que par une fiction legale qui les regarde ſeulement, &
non pas d'autres perſonnes eſtrangeres à ceux qui ont fait l'échange.
La Couſtume d'Anjou, au titre des Succeſſions article 273. dit : *Si
aucun baille ou tranſporte ſon heritage en échange & permutation d'autre heritage, tel heritage ſortit la nature de l'heritage permuté, & entre ſes heritiers ſeroit départy comme eût eſté l'heritage dont la permutation a eſté faite.* La ſubrogation eſt une fiction que la Couſtume a faite touchant l'échange pour conſerver aux heritiers de celuy qui fait l'échange meſme
part ſur l'immeuble pris en échange qu'ils auroient eu ſur l'heritage baillé en contr'échange comme ſi l'échange n'avoit pas eſté fait;
la fiction eſt pour la famille de celuy qui a fait l'échange entre ſes
heritiers, & la realité eſt pour toutes autres perſonnes. C'eſt une
eſtrange bizarrerie de dire que l'effet de la ſubrogation n'eſt pas pour
les heritiers de celuy qui fait l'échange: que la ſubrogation ſe fait
ſeulement pour la qualité de propre purement & ſimplement par
abſtraction aux perſonnes des heritiers; cela ſeroit contraire aux diſpoſitions expreſſes des Couſtumes; outre que cela ſeroit ſans raiſon,
les perſonnes qui ont des biens & qui contractent, ſe regardent premierement eux meſmes : En ſecond lieu, ils regardent leurs enfans
& deſcendans en ligne directe : Et en troiſiéme lieu, leurs heritiers
collateraux; les biens ne ſont regardez que par rapport aux perſonnes. Ainſi il faut conſiderer que l'effet de la ſubrogation, eſt en faveur des heritiers de celuy qui a fait l'échange.

Il n'y a aucune apparence qu'il ſoit jamais entré dans l'eſprit des
Redacteurs des Couſtumes, que la ſubrogation ne ſoit que pour la
qualité de propre ſeulement par abſtraction aux perſonnes des heritiers. Il n'y en a aucun veſtige dans toutes les Couſtumes ; cela ne
peut paſſer que pour choſe chimerique & imaginaire : Il n'y a aucune
apparence que les Redacteurs des Couſtumes ayant jamais eu telle

penſée qui ſemble contraire à tout droit & raiſon ; il eût eſté plus raiſonnable de ne donner aucun effet à l'échange touchant la qualité des heritages échangez, & les laiſſer pour eſtre partagez dans les ſucceſſions ſelon leur nature & qualité, plutoſt que de donner à l'échange un effet limité tel que luy veut donner le Conſeil de Madame de Nemours. Il eût eſté plus raiſonnable que la Couſtume n'eût point fait du tout de fiction, que d'en faire une auſſi bizarre que celle que veut s'imaginer le Conſeil de Madame de Nemours.

Le Conſeil de Madame de Nemours qui ne ſçait que répondre, dit que tout ce raiſonnement n'eſt que mauvaiſe ſubtilité, mais c'eſt plutoſt de la part du Conſeil de Madame de Nemours un deffaut de lumiere, & de penetration des principes ; car ce qui a eſté dit par Meſdames les Princeſſe, & Ducheſſe d'Hanover eſt conforme aux textes des Couſtumes, qui diſent purement & ſimplement, que l'heritage pris en échange eſt ſubrogé à l'heritage baillé en contr'échange. La Couſtume d'Anjou, article 273. dit : *Si aucun baille & tranſporte ſon heritage en échange & permutation d'autre heritage, tel heritage ſortit de la nature de l'heritage permuté, & entre ſes heritiers ſeroit départy, comme eût eſté ledit heritage dont permutation eſt faite.* Le Conſeil de Madame de Nemours ne peut pas cotter aucun article de Couſtume qui puiſſe appuyer ſa pretention, ny duquel elle puiſſe induire que la ſubrogation eſt ſeulement pour la qualité de propre par abſtraction aux perſonnes de celuy qui a fait l'échange.

Le Conſeil de Madame de Nemours, dit, que ſi la ſubrogation n'eſtoit pas limitée à la qualité de propre ſimplement, & qu'on luy donnât l'eſtenduë que Madame la Princeſſe, & Madame la Ducheſſe d'Hannover veulent luy donner, ce ſeroit eſtendre la Couſtume beaucoup au de-là de ce qu'elle contient : Que cependant quand la loy introduit une fiction, il luy faut accorder ce qui eſt neceſſaire pour luy donner ſon effet ; mais qu'il ne faut pas luy en donner davantage, que comme rien n'empeſche qu'un heritage ne reſte propre dans la ſucceſſion de celuy qui fait l'échange, ſans que ce propre change de Nature, ny qu'au lieu qu'il eſt roture, on le repute feodal pour donner les effets à la ſubrogation dans les échanges ; il s'enſuivroit qu'il faudroit introduire deux differentes fictions, quoyque la Couſtume n'en ait introduite qu'une, ce qui ne ſe peut faire ; car, dit-on, il eſt des principes : Qu'on ne doit multiplier les fictions ny les eſtendre d'un cas à un autre.

Madame la Princeſſe, & Madame la Ducheſſe d'Hannover, répondent que le Conſeil de Madame de Nemours entend mal les diſpoſitions des Couſtumes, & les prend à contre-ſens. Les Couſtumes ſont neanmoins bien expliquées, les Couſtumes diſent purement & ſimplement que l'heritage pris en échange eſt ſubrogé à l'heritage baillé en contr'échange. On ne trouvera pas qu'aucune Couſtume

ait

ait limité la fubrogation qui procede de l'échange à la qualité de propre par abftraction aux perfonnes des heritiers de celuy qui a fait l'échange.

Le Confeil de Madame de Nemours n'a pas auffi raifon de dire que ce feroit introduire deux fictions, quoy-que la Couftume n'en ait introduit qu'une, qu'il eft des principes qu'on ne doit multiplier les fictions, ny les eftendre d'un cas à l'autre: Il ne fe trouvera point dans tout ce qui a efté dit par Mefdames les Princeffe, & Ducheffe d'Hannover qu'on ait eftendu la fubrogation au de-là de ce qui eft exprimé par la Couftume, ny qu'on l'ait eftenduë d'un cas à un autre.

Le Confeil de Madame de Nemours, dit, que Madame la Princeffe, & Madame la Ducheffe d'Hannover, ont écrit dans ladite Requefte du 29. Novembre 1698. qu'on ne pouvoit citer aucun Auteur qui fût d'avis d'arrefter l'effet de la fubrogation donnée à l'échange à la qualité de propre, & de luy retrancher fon effet à l'égard du furplus. Mais Madame de Nemours dit que le Confeil de Monfieur le Prince ne trouvera pas mauvais qu'on luy dife qu'il n'y a pas d'apparence dans cet endroit qu'il parle fincerement, parce que le contraire de ce qu'il dit eft écrit en tant de Livres, qu'il n'y a pas lieu de croire que le Confeil de Monfieur le Prince le puiffe ignorer.

On dit au contraire de la part de Monfieur le Prince, que cette réponfe du Confeil de Madame de Nemours, eft un difcours en l'air.

On repete encore de la part de Monfieur le Prince qu'il n'y a aucun Autheur qui foit d'avis d'arrefter l'effet de la fubrogation à la qualité de propre fimplement, & de luy retrancher fon effet à l'égard du furplus, il ne fe trouvera point d'Auteur qui foit d'avis de borner l'effet de la fubrogation a la qualité de propre, par abftraction aux perfonnes des heritiers de celuy qui a fait l'échange.

Le Confeil de Madame de Nemours qui ne peut pas citer aucun Auteur veut éluder l'objection qui luy eft faite par une réponfe fans fondement & fans authorité quelconque. Et voyant bien que fa réponfe vague ne pouvoit paffer, que pour vaine allegation, dit dans la fuite de fadite Requefte, qu'elle a rapporté les apoftils de Mᵉ Charles du Moulin fur les Couftumes d'Anjou, & d'Amiens, où Mᵉ Charles du Moulin decide formellement ce point de Jurifprudence, & que quand il n'y auroit que cette authorité, ce feroit toûjours beaucoup, & que fa decifion eft d'un grand poids.

On répond de la part de Monfieur le Prince qu'il n'eft pas veritable que Mᵉ Charles du Moulin ait dit dans ces deux apoftils que l'effet de la fubrogation foit borné à la qualité de propre fimplement par abftraction aux perfonnes des heritiers de celuy qui a fait l'échange, il n'en a pas dit un feul mot, fes apoftils aboutiffent feulement à dire que la fubrogation qui fe fait par l'échange ne fait pas

changer les biens de nature; l'heritage en roture pris en échange
d'un feodal, ne devient pas feodal, la subrogation qui se fait par l'é-
change est une fiction qui regarde seulement les heritiers de celuy
qui a fait l'échange, & n'a effet qu'entr'eux, & ne regarde point toutes autres personnes. La Coutume d'Amiens dit que les heritages
pris en échange sont de pareille nature & condition, que l'heritage
baillé à contr'échange: Et l'apostil de M<sup>e</sup> Charles du Moulin sur cet
article, dit : *In titulo respectu qualitatum antiqui vel novi prædii respectu*
*acquirentium sed non respectu qualitatum intrinsecarum ipsius fundi vel rea-*
*lium , quia de feudali non fit censualis vel contra etiam si ab eodem domino di-*
*recto utrumque prædium moveretur.* Voilà tout ce que contient cet apostil
de Maistre Charles du Moulin sur la Coustume d'Amiens. La Coûtume disant par l'article 230. que les heritages pris en échange sont
de pareille nature & condition que l'heritage baillé en contr'échange.
*Respectu scilicet acquirentium sed non respectu qualitatum intrinsecarum ipsius*
*fundi vel realium.*

C'est à dire que si l'heritage baillé en échange, propre d'une ligne
est feodal, l'heritage pris en échange, soit qu'il soit en roture, ou
feodal, se partagera dans la famille de celuy qui a fait l'échange entre
ses heritiers comme un heritage propre de ligne feodale par une
fiction legale; mais que cela n'empesche pas qu'ils ne reconnoissent
toûjours le Seigneur dont l'heritage est mouvant selon sa veritable
nature. L'article 230. dit expressement, que l'heritage échangé est de
pareille nature & condition que celuy qui est pris en échange. C'est
pourquoy M<sup>e</sup> Charles du Moulin par son apostil sur cet article, dit :
que cela n'a lieu qu'au respect de ceux qui ont fait l'échange entre leurs heritiers pour le droit d'y succeder ; mais que cela n'a
pas lieu au respect des personnes estrangeres de la famille de ceux
qui ont fait l'échange pour les qualitez intrinseques & réelles du
fond qui les concernent, & à l'égard desquels l'heritage ne change point de nature l'héritage demeure toujours de pareille nature ,
& condition, c'est pourquoy il faut toujours que les heritiers de
ceux qui ont fait l'échange reconnoissent le Seigneur selon la nature de l'heritage. Voila quel est le veritable sens de l'art. 230. de la
Coutume d'Amiens, & de l'apostil de M<sup>e</sup> Charle Dumoulin.

Le Conseil de Madame de Nemours cite ensuite Mr d'Argentré sur l'art. 418. de la Coutume de Bretagne, Glose seconde.

Mais on répond au Conseil de Madame de Nemours de la part
de Monsieur le Prince, qu'il n'a pas bien pris ce que dit Mr d'Argentré , & ne l'a pas entendu : Premierement Mr d'Argentré n'y
dit rien de son chef. Voicy ce qu'il dit, *pleræque provinciarum con-*
*suetudines putarunt ex permutatione non fieri acquestum, sed rem quæ permuta-*
*tione capitur per subrogationem ingredi & subire naturam rei datæ,* ensuitte
dequoy Mr d'Argentré raporte , ce qu'a dit Lucas qui est un Auteur ultramontain ,touchant l'effet de l'échange: *quærit Lucas de hoc*

*casu, Rex neapolis feudum ad se delatum quod indivisibile erat permutarat illud cum dividuo alio, confessioni inerant hæc verba. Concedimus tibi feudum habendum secundum consuetudinem regni: Feuda vero a rege concessa individua sunt decessit Titius relictis liberis, quæritur de jure succedendi id est dividué vel individué, nam in casu hoc præsuponitur dividuum esse quod datum est & potuit fortasse ille jure locum habere pennæ sententia quo liberi fundati sunt in jure feudi paterni ex suo capite, licet successive ex forma et tenore investituræ non tanquam hæredes simpliciter sed ex providentia concedentis ita ut pater nulla dispositione nec prælegato his in jure suo prejudicare posset quæ fuit illo jure feudorum natura, sed jure nostro quo feuda iure hæreditario simpliciter capiuntur, nunc aliter liberi fundati sunt quam ut hæredes id locum non habere præsuposita quantum libet permutatione itaque si pater permutare feudum nobile cum ignobili, prestaret ea qualitas nec spectandum esset quale fuisset quod datum, sed ut in ignobili succederent quale scilicet quod acceptum et qui succeditur, non enim hæredes sunt fundati in conventione sed in qualitate dumtaxat hæredum quæ post mortem habet tantum effectum sed res ipsa qualitatem non mutat.* Cet autheur ultramontain n'admet point de subrogation en en matiere d'échange, il dit que les heritages échangez se partagent purement & simplement, suivant leur nature & qualité tels qu'ils sont, il ne parle aucunement que l'héritage pris en échange soit subrogé à l'heritage baillé en contre-échange. Mr d'Argentré ne se declare point sur cela, il ne declare point si on doit suivre les Coûtumes de France qui disent que l'heritage pris en échange est de pareille nature & condition que l'heritage baillé en contr'eschange, & se departit de mesme entre les heritiers de celuy qui a fait l'échange, ou si on doit pluftoft suivre l'opinion de cet Auteur Ultramontain qui veut que l'échange ne soit consideré que comme tout autre contract d'acquisition: Monsieur d'Argentré est demeuré sur cela dans le silence. Ce mesme Auteur Ultramontain, Lucas propose ensuite la question. On a fait échange d'un immeuble avec un autre immeuble, si l'heritage baillé en échange estant hypotequé à des Creanciers, l'heritage pris en échange est pareillement hypotequé, comme aussi si l'heritage baillé en échange estant substitué, l'heritage pris en contr'eschange sera substitué. Il dit que l'oppinion de Balde est que la chose prise en échange sera hypotequée de mesme que l'heritage baillé en contr'eschange, comme aussi que l'heritage pris en échange sera substitué de mesme que l'heritage baillé en contr'eschange, mais que Balde s'est peu fondé sur ce que dans les choses universelles on dit vulgairement que le prix succede au lieu de la chose. Voila tout ce qui est dit dans M$^r$ d'Argentré au lieu cité. Ce qui fait voir que le Conseil de Madame de Nemours a mal pris, & mal entendu M$^r$ d'Argentré qu'il a cité mal à propos.

Le Conseil de Madame de Nemours, cite ensuite M$^e$ Julien Brodeau sur M$^r$ Loüet, lettre H, chapitre 10. nombre 3. & dit, que si un majeur échange son Fief avec une roture, l'heritage échangé tient bien la qualité d'immeuble, & de conqueſt & propre paternel & de conventionnel. *Vice permutati dominij hinc enim qualitas eſt primordialis & intrinſeca.* Elle eſt inherente au fond même par ſa qualité feodale qui eſt caſuelle & fortuite.

On répond de la part de Monſieur le Prince, que le Conſeil de Madame de Nemours fait une citation qui n'eſt pas juſte ny meme veritable. Le Conſeil de madame de Nemours s'eſt bien donné, de garde de marquer de quelle année eſt l'édition du livre ou il a pris ſa citation, on a parcouru de la part de Monſieur le Prince les éditions de Mr Loüet, & de Me Julien Brodeau ſon Commentateur, il ne s'en eſt trouvé aucune, où ce qu'il rapporte de Me Julien Brodeau ſe ſoit trouvé. On ne peut pas dire que cela ſoit dans les éditions faites depuis 1661. Car ſi cela ſe trouvoit dans les éditions poſterieures, cela ne ſeroit point de Me Julien Brodeau qui eſt. decedé plus de quinze ans auparavaut, & ceux qui y auront fait cette addition ne peuvent eſtre d'aucune autorité, d'ailleurs cette citation ne dit pas que l'effet de la ſubrogation ſoit limité à la qualité de propre ſimplement par abſtraction aux perſonnes des heritiers de celuy qui a fait l'échange. On voit que ce qu'en rapporte le Conſeil de Madame de Nemours ne s'entend pas, & manque de ſens, il dit que l'heritage échangé tient bien la qualité d'immeuble, & de propre paternel conventionnel, & qu'elle eſt inherente aufond meſme, & enſuite il dit qu'elle eſt eſtrangere, caſuelle & fortuite. Cela n'eſt pas intelligible.

Le Conſeil de Madame de Nemours cite enſuite, le Grand ſur Troyes, & Ferriere ſur l'art. 157. de la Coutume de Paris, & en general tous les Compilateurs qui en ont écrit, ſans dire ce qu'ils ont dit: Mais ce ſont des Autheurs ſans autorité qui ne doivent eſtre citez. Ils copient ce qu'ils ont trouvé, & prennent ſouvent la raiſon de douter pluſtoſt que la raiſon de decider.

Le Conſeil de Madame de Nemours dit enſuite qu'il y a une autorité plus forte que toutes celles-là, & dit que c'eſt l'uſage, qu'il ſe fait tous les jours des partages, & qu'on n'a jamais revoqué en doute cette maxime, qu'on n'a jamais vû dans l'uſage partager une Roture comme un Fief, ſous pretexte que le deffunt l'a eu par échange d'un fief : Le Conſeil de Madame de Nemours, dit, que l'avantage qu'il aura à cet égard, eſt qu'il n'y aura pas un des Juges qui ne ſoit convaincu de cet uſage, ou par ſa propre experience, ou par celle de ſa famille, qu'il n'eſt pas poſſible de croire qu'on puiſſe juger le contraire, qu'il faudroit autrement changer toute la Juriſprudence du Palais. Ce ſeroit boulverſer le repos & la paix de toutes les familles de France en donnant ouverture à la reſolution de tous les partages qui ont eſté faits depuis la Reformation de la Coûtume.

On répond de la part de Monſieur le Prince que le Conſeil de
Madame

Madame de Nemours dit une chose absolument contraire à la veri_
té; c'est une supposition de dire que c'est l'usage, Madame de Nemours n'en sçauroit raporter aucun acte ny aucun exemple qu'on
ait jamais pratiqué dans les partages, que l'effet de la subrogation
qui procede de l'échange ait jamais esté limité à la qualité de propre
simplement par abstraction aux personnes de celuy qui a fait l'échange, Madame de Nemours n'en sçauroit raporter le moindre ves-
tige.

De la part de Monsieur le Prince on souftient que l'usage est ab_
solument contraire, non seulement l'usage est absolument contraire;
mais Monsieur le Prince a pour luy la disposition expresse & le texte
formel des Coustumes, qui disent que quand on échange un im_
meuble, l'heritage pris en échange est subrogé purement & simplement à l'heritage qui a esté baillé en contr'échange, & est de pareille nature & condition pour estre départy de mesme entre les heritiers de celuy qui a fait l'échange.

Il y a bien de la temerité au Conseil de Madame de Nemours d'al-
leguer un usage qui n'est pas veritable; mais encore de dire qu'il n'y
aura pas un des Juges qui ne soit convaincu de cet usage, & qu'il
n'est pas possible de croire qu'ils puissent juger le contraire : Certai-
nement voilà un discours bien extraordinaire, de vouloir faire la loy
à Messieurs, & de dire qu'ils ne peuvent juger le contraire. On se
contente de répondre de la part de Monsieur le Prince à ce mauvais
discours du Conseil de Madame de Nemours, que quand Messieurs
feront entrez en connoissance de cause, il y a lieu d'esperer qu'ils
condamneront la temerité du Conseil de Madame de Nemours.

Voilà ce qui regarde la premiere demande de Madame la Duchesse de Nemours contenuë en son exploit du 3. Février 1694. On a
dit de la part de Madame la Princesse de Condé, & de Madame
la Duchesse d'Hannover que la rente constituée par Messieurs les
Commissaires du Roy, par le Contrat du 3. Mars 1646. a esté acquest
à ceux ausquels elle a esté constituée, c'est à dire à Henry de Loraine
second du nom Duc de Guise, à Loüis de Loraine Duc de Joyeuse
& à Marie de Loraine sa sœur qui y avoient tous trois ensemble moitié, & à Claude de Loraine Duc de Chevreuse leur Oncle, auquel
l'autre moitié de la rente appartenoit : Cette rente ayant depuis fait
plusieurs degrez de succession dans la famille de Loraine, elle doit
appartenir dans la succession de Mademoiselle de Guise à Madame
la Princesse de Condé, & à Madame la Duchesse d'Hannover comme propres de la ligne de Loraine : la rente ne peut pas estre censée
propre du costé & ligne de Clêves, & Madame la Duchesse de Nemours ne la peut pas pretendre comme propre de la ligne de Clêves;
mais supposé même ( comme il a esté dit ) que la rente constituée
par le Contrat du 3. May 1646. fust subrogée aux Souverainetez de
Chasteauregnault & Linchamp, Madame la Duchesse de Nemours

n'y pourroit encore rien pretendre : Madame la Princeſſe de Condé & Madame la Ducheſſe d'Hannover auroient encore droit de ſucceder à la totalité de la rente comme eſtant iſſuës de la branche aiſnée & maſculine de Clêves. Par conſequent de quelque maniere que la choſe puiſſe eſtre conſiderée, Madame la Ducheſſe de Nemours doit eſtre deboutteé de ſa premiere demande contenuë en ſon exploit du 3. Février 1694. avec dépens.

### Seconde demande de Madame la Ducheſſe de Nemours.

Madame la Ducheſſe de Nemours par ſa Requeſte du 10. Decembre 1696. qui contient ſa ſeconde demande, conclut à ce qu'elle ſoit maintenuë & gardée en la joüiſſance de la Terre de Ribemont comme venant de la ligne de Clêves avec reſtitution de fruits, & elle declare par cette meſme Requeſte qu'elle demande ſeulement la moitié de la rente de 229333. liv. deduction faite des 40000. liv adjugez à Mademoiſelle d'Orleans.

Madame la Ducheſſe de Nemours pour eſtablir ſa ſeconde demande, dit, que la Terre de Ribemont eſt du nombre des Terres qui ont eſté données par le Roy en échange des Souverainetez de Chaſteauregnault & Linchamp, que la Terre de Ribemont eſt ſubrogée aux Souverainetez & cenſée propre venant de la ligne de Clêves, de meſme que ces Souverainetez : Madame la Ducheſſe de Nemours ajoute que par la Couſtume de Vermandois où cette Terre eſt ſcituée, le maſle exclut la femelle en la ſucceſſion des Fiefs ; que Monſieur le Duc de Longueville ſon frere, dont elle eſt heritiere, eſtant le ſeul maſle, il avoit luy ſeul droit de ſucceder à la Terre de Ribemont.

Madame la Princeſſe de Condé & Madame la Ducheſſe d'Hannover ſouſtiennent au contraire, que Madame la Ducheſſe de Nemours eſt mal-fondée en ſa ſeconde demande : Elles ont obſervé dans le fait que le 10. Mars 1629. il y eut contrat paſſé entre Meſſieurs les Commiſſaires du Roy & Madame la Princeſſe de Conty, par lequel Madame la Princeſſe de Conty délaiſſa au Roy les Souverainetez de Chaſteau-regnault & Linchamp pour la ſomme de 1720000. liv. & Meſſieurs les Commiſſaires promirent au nom du Roy à Madame la Princeſſe de Conty, des Terres au denier 30. juſqu'a la concurrence du tiers de cette ſomme. Cela n'ayant pas eſté entierement accomply de la part du Roy, & reſtant encore à fournir 10000. liv. de rente en Terres, le Contract du 2. May 1646. fut paſſé, par lequel Meſſieurs les Commiſſaires du Roy délaiſſerent au nom du Roy à Meſſieurs de Guiſe la Terre de Ribemont & quelqu'autre Terre : La conteſtation dont il s'agit n'eſt que pour la Terre de Ribemont, il ne s'agit pas des autres Terres ; il eſt vray que la Terre de Ribemont & autres Terres qui ont eſté délaiſſées par Meſſieurs les Commiſſaires du Roy; tant par le Contract du 10. Mars 1629. & par celuy du 2. May 1646. Si elles ont eſté ſubrogées aux Souverainetez, elles ſont devenuës propres de la ligne de Clêves, mais par le Contract du 2. May 1646. par lequel la Terre de Ribemont fut délaiſſée par Meſſieurs les Commiſſaires du Roy, on en excepta la Terre de Ribemont, & on en fit diſtinction : Le Contract porte, *Et dautant que le Duché de Guiſe a relevé juſqu'à preſent de ſa Majeſté à cauſe de ſa Terre de Ribemont, laquelle appartiendroit doreſnavant au Seigneur de* **Guiſe,** *il eſt neceſſaire d'en changer la mouvance : Il a eſté expreſſement accordé que le Duché de Guiſe, enſemble la Terre & Seigneurie de Ribemont, leurs appartenances & dépendances releveront de ſa Majeſté à cauſe de ſon Chaſteau du Louvre, a meſme ſeule foy & hommage.* Par ce Contract la Terre de Ribemont a eſté jointe & unie au Duché de Guiſe; ce n'a plus eſté un domaine de la Couronne, mais un domaine du Duché de Guiſe, & elle eſt devenuë de la même nature & qualité que le Duché de Guiſe pour appartenir au Seigneur de Guiſe. Ce n'a plus eſté qu'un ſeul Fief ſous le meſme titre de Duché de Guiſe, elle doit ainſi eſtre conſiderée dans la famille & dans les ſucceſſions pour appartenir aux meſmes heritiers.

Madame la Ducheſſe de Nemours dit que ſous pretexte de cette union on n'a pas oſté à la Terre de Ribemont la qualité de propre de la ligne de Clêves, pour luy donner la qualité de propre de la ligne de Loraine, que la qualité de propre eſt attribuée par la loy ſeule qui defere les ſucceſſions. Mais on répond à Madame la Ducheſſe de Nemours que la Terre de Ribemont n'a jamais appartenu à la maiſon de Clêves; Il eſt vray qu'elle eſt du nombre des Terres qui ont eſté données par le Roy en échange des Souverainetez de Chaſteauregnault & Linchamp, par le Contract du 2. May 1646. mais par ce meſme Contract on a fait une exception & une diſtinction. A l'égard de la Terre de Ribemont, on n'a pas voulu que cette Terre devint propre de la ligne de Clêves, ny qu'elle appartint à ceux du coſté & ligne de Clêves; mais au contaire on a voulu qu'elle devint de la ligne de Loraine de Guiſe, & de meſme qualité que le Duché de Guiſe, auquel elle a eſté unie, pour appartenir au Seigneur de Guiſe. La ſubrogation qui procede de l'échange, & qui donne à l'heritage pris en échange la meſme qualité qu'avoit l'heritage baillé en contr'échange, n'a pour fondement qu'une preſomption de volonté : La loy preſume que ceux qui font échange d'un immeuble pour un autre immeuble n'ont pas volonté de vendre & d'aliener, ny changer en rien ce droit de leurs heritiers. On preſume que celuy qui fait un échange a voulu que ſes heritiers euſſent meſme droit ſur l'heritage qu'il a pris en échange que ſur l'heritage baillé en contr'échange : C'eſt ſur ce fondement que la loy veut que l'heritage pris en échange ſoit de meſme qualité que l'heritage baillé en contr'échange & appartienne aux meſmes heritiers, mais cette volonté ne peut eſtre preſumée quand par le meſme Contract d'échange les contractans ont declaré expreſſement une autre volonté, on ne peut pas dire qu'en ce cas la loy attribuë à l'immeuble pris en échange la meſme qualité qu'avoit l'heritage baillé en contr'échange contre la volonté des Contractans. Par le Contract du 2. May 1646. les Contractans n'ont pas voulu que la Terre de Ribemont devint propre de la ligne de Clêves, ny qu'elle appartint à ceux de la ligne de Clêves, mais plutoſt qu'elle devint de la meſme qualité que le Duché de Guiſe, auquel elle a eſté unie pour appartenir au Seigneur de Guiſe.

Mais, d'ailleurs, ſuppoſé que par le Contract du 2. May 1646. la Terre de Ribemont ſoit devenuë ( à cauſe de l'échange ) propre de la ligne de Clêves, comme eſtoient les Souverainetez de Chaſteauregnault & Linchamp, Madame la Princeſſe de Condé, & Madame la Ducheſſe d'Hannover auroient encore droit de ſucceder à la Terre de Ribemont à l'excluſion de Madame la Ducheſſe de Nemours, & de Monſieur le Duc de Longueville : Il a eſté cy-devant monſtré que l'effet de la ſubrogation qui procede de l'échange, eſt que dans la famille de celuy qui fait l'échange ſes heritiers ont meſme droit ſur l'immeuble pris en échange qu'ils auroient eu ſur l'heritage baillé en contr'échange, le droit des heritiers n'a point eſté diminué ny changé par l'échange, l'ancien droit des heritiers demeure conſervé, & eſt transferé ſur l'heritage pris en échange. Il a eſté cy-devant monſtré que Madame la Princeſſe de Condé & Madame la Ducheſſe d'Hannover ſont iſſuës de la branche aiſnée & maſculine d'Henriette de Clêves, & qu'elles auroient eu droit de ſucceder aux Souverainetez de Chaſteaurenault & Linchamp à l'excluſion de Madame la Ducheſſe de Nemours, il ſeroit inutile d'uſer de repetition.

Madame la Ducheſſe de Nemours dit que le droit de ſucceder à la Terre de Ribemont ſe doit regler par la Couſtume de Ribemont en Vermandois où ladite Terre eſt ſcituée, & que Monſieur le Duc de Longueville ſon Frere eſtant le ſeul maſle, il avoit droit de ſucceder luy ſeul à la Terre de Ribemont à l'excluſion de Madame la Princeſſe & de Madame la Ducheſſe d'Hannover, mais Madame la Ducheſſe de Nemours ſe contredit, & dit deux choſes contraires qui ſe détruiſent ; car s'il eſt vray que par l'échange la Terre de Ribemont ſoit ſubrogée aux Souverainetez de Chaſteauregnault & Linchamp : Si elle eſt devenuë propre de la ligne de Clêves, de même que les Souverainetez de Chaſteauregnault & Linchamp ; il faut regarder la loy par laquelle ſe regle le droit de ſucceder aux Souverainetez, il ne faut point Regarder la Couſtume de Ribemont en Vermandois ( où la Terre de Ribemont eſt ſcituée ) pour regler le droit d'y ſucceder, la Terre de Ribemont doit appartenir aux mêmes heritiers auſquels auroient appartenu les Souverainetez de Chaſteaurenault & Linchamp, autrement ce ſeroit détruire la ſubroga-

tion

tion qui procede de l'heritage , le droit des heritiers seroit entierement changé par l'échange.

Par la loy qui regle le droit de succeder aux Souverainetez, Madame la Princesse de Condé & Madame la Duchesse d'Hannover auroient eû droit de succeder aux Souverainetez à l'exclusion de Madame la Duchesse de Nemours & de Monsieur le Duc de Longueville, & au contraire par la Coustume de Ribemont en Vermandois
Madame la Princesse de Condé & Madame la Duchesse d'Hannover
seroient excluses par Monsieur le Duc de Longueville. L'échange
conserve aux heritiers l'ancien droit & le transfere sur l'heritage qui
a esté pris en échange, l'effet de la subrogation regarde le droit de
succeder qui n'est point changé. Quand on dit que la Terre de Ribemont est subrogée aux Souverainetez, on ne peut pas dire que la
Terre de Ribemont soit devenuë Souveraineté par l'échange : c'est
une qualité estrangere qui n'entre point dans la subrogation, mais
on veut dire que lesdits heritiers ont mesme droit de succeder à la
Terre de Ribemont qu'ils auroient eû de succeder aux Souverainetez de Chasteauregnault & Linchamp. Ainsi entre les heritiers de
Mademoiselle de Guise, il ne faut point regarder la Coustume de
Ribemont en Vermandois où la Terre de Ribemont est scituée,
pour le droit d'y succeder ; mais il faut regarder seulement qu'elle
est la loy par laquelle se regle le droit de succeder aux Souverainetez. Or s'il s'agissoit de succeder aux Souverainetez de Chasteauregnault & Linchamp, Madame la Princesse de Condé & Madame
la Duchesse d'Hannover, y succederoient sans doute à l'exclusion
de Madame la Duchesse de Nemours & de Monsieur le Duc de Longueville, elles doivent par consquent succeder à la Terre de Ribemont à l'exclusion de Madame la Duchesse de Nemours & de Monsieur le Duc de Longueville : Madame la Princesse de Condé &
& Madame la Duchesse d'Hannover ont mesme droit sur la Terre
de Ribemont qu'elles auroient eu sur les Souverainetez de Chasteauregnault & Linchamp, on ne peut pas dire que l'échange ait attribué à Madame la Duchesse de Nemours, & à Monsieur le Duc de
Longueville le droit sur Ribemont qu'ils n'avoient pas sur les Souverainetez de Chasteauregnault & Linchamp, les droits des heritiers
n'ont point esté changez par l'échange ; d'ailleurs lorsque la Terre
de Ribemont a esté délaissée par Messieurs les Commissaires du Roy
le droit d'y succeder ne se regloit pas par la Coustume de Ribemont ;
car la Terre de Ribemont faisoit partie du domaine de la Couronne de France, dont elle a esté démembrée, & ce droit d'y succeder
n'estoit que le mesme droit de succeder à la Couronne.

Enfin, c'est une des conditions du Contract du 2. May 1646.
c'est une loy que Messieurs de Guise se sont imposée en acceptant
la Terre de Ribemont ; la disposition du Contract fait cesser la subrogation de la loy ; les Heritiers de la Maison de Guise ne peuvent

H

pas contrevenir à ce Contract, principalement depuis que la Terre de Ribemont ayant passé par plusieurs generations a fait souche dans la Maison de Guise : Enfin, c'est donc comme un propre de la ligne de Lorraine.

### Troisiéme demande de Madame la Duchesse de Nemours.

Madame la Duchesse de Nemours par sa Requeste du 21. Janvier 1687. qui contient sa troisiéme demande, conclut à ce que la moitié de la rente sur les Cinq grosses Fermes, & la totalité de la Terre de Ribemont luy soit adjugée, tant du chef de Catherine de Clèves, que de Charles de Loraine Duc de Guise, Claude de Loraine Duc de Chevreuse, & de Loüise Marguerite de Loraine Princesse de Conty.

Cette troisiéme demande de Madame de Nemours n'a pas esté bien conçuë, & ne s'entend pas, il faut deviner & supléer à la lettre; il semble que Madame la Duchesse de Nemours a voulu dire qu'elle pretend la moitié de la rente, & la totalité de la Terre de Ribemont comme venant de la ligne de Clèves, & qu'elle pretend aussi la rente & la Terre comme venant de Charles de Lorraine Duc de Guise, de Claude de Loraine Duc de Chevreuse, & de Loüise Marguerite de Loraine Princesse de Conty; mais ces deux conclusions ne pourroient pas estre jointes ensemble, elles pourroient seulement estre prises subordinement, la rente & la Terre ne peuvent pas venir originairement de Catherine de Clèves & de Charles de Loraine Duc de Guise, Claude de Loraine Duc de Chevreuse, & de Loüise Marguerite de Loraine Princesse de Conty. Si la rente & la Terre sont propres venans de Catherine de Clèves, elles ne sont pas propres venans de Charles de Loraine Duc de Guise, de Claude de Loraine Duc de Chevreuse, & de Loüise Marguerite de Loraine Princesse de Conty, *& vice versa*, &c.

Madame de Nemours veut dire que supposé qu'on ne considere pas la rente & la Terre de Ribemont pour estre propres venans de la ligne de Clèves, & qu'on considere la rente & la Terre pour avoir esté acquises par Charles de Loraine Duc de Guise, Claude de Loraine Duc de Chevreuse, & Louise Marguerite de Loraine Princesse de Conty elle a droit également d'y succeder, qu'elle est en égalité de parenté, qu'elle est également parente de Mademoiselle de Guise du costé de Charles de Loraine Duc de Guise, de Claude de Loraine Duc de Chevreuse, & de Louise Marguerite de Loraine Princesse de Conty, qui ont mis la rente & la Terre dans la famille de Loraine de Guise, par conséquent que tout est egal entr'Elles; Madame la Duchesse de Nemours allegue à l'égard de la rente l'article 326. de la Coustume de Paris, qui porte, *& quant aux propres heritages luy succedent les parens qui sont les plus proches du costé & ligne dont* *font venus & échus au deffunt les heritages* ; que fuivant cet article il fufit d'eftre parent du cofté & ligne de celuy qui a mis l'heritage dans la famille, c'eft-a-dire de l'acquereur.

Madame la Princeffe de Condé & Madame la Ducheffe de Hanover difent au contraire. Premierement à l'égard de la Terre de Ribemont, qu'ayant efté delaiffée par Meffieurs les Commiffaires du Roy par le Gontract du 3. May 1646. à Meffieurs de Loraine de Guife en échange des Souverainetez de Chafteauregnault & Linchamp & par le meme Contract eftant dit qu'elle demeureroit jointe & unie au Duché de Guife pour ne faire qu'une feule & meme Terre fous le meme titre de Duché de Guife, il eft toujours veritable de dire qu'elle eft devenüe de mefme qualité que le Duché de Guife, & que dans la fuite les parens du cofté & ligne de Loraine ont droit d'y fucceder de meme qu'au Duché de Guife, où fi on veut confiderer la Terre de Ribemont feparement & comme fubrogée aux Souverainetez de Chafteauregnault & Linchamp, Madame la Princeffe de Condé & Madame la Ducheffe de Hanover ont droit d'y fucceder comme elles auroient eu droit de fucceder aufd. Souverainetez, le droit de fucceder n'auroit point efté changé par l'échange, le droit auroit efté confervé aux heritiers & auroit efté transferé fur la Terre de Ribemont, ainfi qu'il a efté montré.

Pour ce qui eft de la rente de 229333. liv. Madame la Princeffe de Condé, & Madame la Ducheffe de Hanover difent qu'elle ne vient point de Catherine de Clêves, le decés de Catherine de Clêves eft arrivé dés 1637. la rente a efté conftituée par Contract du 3. May 1646. au profit de Henry de Loraine Duc de Guife, & de Louis de Loraine Duc de Joyeufe pour une moitié, & à Claude de Loraine Duc de Chevreufe, pour l'autre moitié, Madame la Princeffe de Condé, & Madame la Ducheffe de Hanover font du cofté & ligne des acquereurs de la rente, qui eft un avantage que Madame la Ducheffe de Nemours n'a pas ; Pour trouver la parenté de Madame la Ducheffe de Nemours il faut remonter plus haut que les Acquereurs de la rente, il faut remonter à la ligne de Clêves qui eft la mere des acquereurs, Madame la Ducheffe de Nemours eft feulement parente du cofté de la Mere des acquereurs de la rente ; Mais pour trouver la parenté de Madame la Princeffe de Condé, & de Madame la Ducheffe de Hanover il ne faut pas remonter plus haut que les acquereurs, elles font defcendües de Charles de Loraine Duc de Mayenne qui eft le nom & le fang des acquereurs, & par cette raifon elles ont droit de fucceder à la rente, à l'exclufion de Madame la Duceffe de Nemours & de Monfieur le Duc de Longueville fuivant ladifpofition des Arrefts.

Avant que deftablir cette Jurifprudence il eft neceffaire d'expliquer les difficultés qui ont efté faites touchant l'interpretation de l'article 326. de la Coutume de Paris, qui eftoit le 147. de l'ancienne Coûtume.

Madame de Nemours dit que l'art. 326. de la Coûtume de Paris est pour elle, elle l'interprete à sa fantaisie, Monsieur le Prince de Condé, Madame la Princesse, & Madame la Duchesse d'Hanover soûtiennent au contraire que l'art. 326. & la Jurisprudence des Arrests qui sont intervenus tant du temps de l'ancienne Coutume, que depuis qu'elle a esté reformée detruisent entierement la pretention de Madame de Nemours, ledit art. 326. estoit le 147. de l'ancienne Coûtume, cet article dit, *& quant aux propres heritages succedent les parens qui sont les plus proches du costé & ligne dont sont venus & échus au deffunt lesd. heritages, encore qu'ils ne soient plus proches parens du deffunt.*

Pour expliquer le droit de succeder aux propres, il faut remonter jusqu'à l'origine, la plus ancienne regle que nous ayons qui regle la succession des propres est la regle *paterna paternis materna maternis.* Nostre Droit François à voulu que les biens venants de la ligne paternelle fussent conservez aux parens de la ligne paternelle, & que les parents de l'autre ligne n'en profitassent pas à leur prejudice : c'est pourquoy la premiere, & plus ancienne regle de la succession des propres est la regle *paterna paternis, materna maternis.*

Mais l'usage, & l'observation de cette regle n'a pas esté uniforme, elle n'a pas esté également observée, cette regle s'est pratiquée differemment, & il y a sur cela plusieurs differences dans les Coûtumes ; Premierement il y a des Coûtumes qui veulent que la regle *paterna paternis, materna maternis* soit observée simplement pour la succession des propres, c'est-à-dire que pour succeder à un propre qui est échu au deffunt du costé paternel ; Il sufit d'estre le plus proche parent du deffunt du costé paternel, & que pour succeder à un propre du deffunt du costé maternel, il sufit d'estre le plus proche parent du deffunt du costé maternel, qu'on ne remonte pas plus haut que le pere, ou la mere dont l'heritage est venu, par exemple dans la Coûtume de Chartre on y observe purement & simplement la regle *paterna paternis, materna maternis* : Pour succeder à un propre paternel, il sufit d'estre parent du deffunt du costé paternel, & pour succeder à un propre maternel, il sufit d'estre parent du défunt du costé maternel, & le plus proche succede. Il y a d'autres Coutumes où on ne suit pas simplement la regle *paterna paternis materna maternis,* il ne sufit pas d'estre parent du deffunt du costé paternel dont est venu & échu au deffunt l'heritage, il faut remonter plus haut que les pere & mere, par exemple il faut que celuy qui pretend succeder à un propre soit descendu de la mesme souche & du mesme tronc que le deffunt qui possedoit le propre.

Il y a encore des Coutumes qui ont d'autres dispositions : A l'égard de la Coutume de Paris, elle dit par l'art. 326. *& quant aux propres heritages succedent les parens qui sont les plus proches du costé & ligne dont*
*sont*

*sont venus, & échus au deffunt lesdits heritages quoy qu'ils ne soient plus proches parens du deffunt,* cet art. est de l'ancienne Coutume qui fut redigée en 1510. Cet article dans les termes qu'il estoit conceu, fit difficulté pour son interpretation. Les uns disoient que pour la succession des propres, il faloit regarder simplement d'où l'heritage estoit venu & écheu du costé paternel; le plus proche du costé paternel y devoit succeder; ou s'il estoit venu du costé maternel, le plus proche du costé maternel y devoit succeder; qu'il faloit suivre simplement la regle *paterna paternis, materna maternis.* D'autres disoient que pour succeder à un propre paternel; il ne faloit pas seulement estre plus proche parent du costé paternel du deffunt dont estoit venu l'heritage au deffunt, mais qu'il faloit remonter à l'acquereur de l'heritage, que le plus proche parent du deffunt du costé de l'acquereur devoit estre preferé aux autres qui n'estoient pas parens du costé de l'acquereur quoy qu'il ne fut pas le plus proche parent du deffunt. L'usage n'estoit pas certain, & cela estoit jugé diversement, la question s'en estant presentée en 1595. dans l'ancienne Coutume on ordonna qu'on feroit enqueste par turbes, l'enqueste fut faite en consequence au Châtelet, & en suite Arrest intervint le 2. Decembre 1595. qui est raporté par les Commantateurs sur ledit art. 326. qui estoit l'art. 147. de l'ancienne Coutume par lequel on a jugé que dans la Coutume de Paris pour succeder à un propre, il faloit estre parent du deffunt du costé & ligne de l'acquereur de l'heritage, qui avoit mis le premier l'heritage en la famille, & que le plus proche parent du deffunt du costé & ligne de l'acquereur devoit estre preferé à tous autres, encore qu'il ne fût le plus proche parent du deffunt. Par cet Arest on a fait en quelque façon une exception à l'art. 326. de la Coutume de Paris, car l'art. ne dit pas qu'il faille estre parent du deffunt du Costé de l'acquereur.

Il y a eu depuis une seconde difficulté en interpretation dudit art. 326. & dudit Arrest du 2. Decembre 1595. On a demandé si pour succeder à un propre, il faloit estre descendu de l'acquereur, & si à deffaut de parens descendus de l'acquereur il faloit suivre simplement la regle *paterna paternis, materna maternis*, ou s'il suffisoit d'estre parent du costé de l'acquereur & que le parent du défunt du costé de l'acquereur devoit estre preferé aux autres parens quoy que le parent du costé de l'acquereur ne fût pas le plus proche parent du deffunt. Cela estoit encore diversement jugé, mais lors qu'on reforma la Coutume en 1580. on mit fin à cette difficulté, & on ajouta à la Coutume l'art. 326. qui porte : *sont reputez parens du costé & ligne supposé qu'ils ne soient descendus de celuy qui a acquis l'heritage.*

Il y a eû encore depuis une troisiéme difficulté sur l'art. 326. pour sçavoir lors qu'il y a des parens du deffunt du côté & ligne de l'acquereur, les uns qui sont descendus de l'acquereur, les autres qui n'en sont pas descendus; si les parens du deffunt qui sont descendus

de l'acquereur doivent eſtre preferez aux autres qui n'en ſont pas deſcendus quoy qu'ils ſoient tous en égalité de degré : Cela eſtoit di-
verſement jugé , & il y avoit differens Arreſts qui avoient jugé pour
& contre, ce qui fit qu'on ordonna une Enqueſte par Turbes au Châtelet : L'Enqueſte fut faite en conſequence, & il y a eû ſur cette Enqueſte un Arreſt ſolemnellement rendu en la Cinquiéme au raport
de Monſieur le Boults le 27. Mars 1646. par lequel on a jugé que les
parens du deffunt deſcendus de l'acquereur devoient eſtre preferez
aux autres parens qui n'en eſtoient pas deſcendus , qui eſtoient ſimplement parens du deffunt du coſté de l'acquereur, encore qu'ils
fuſſent les uns & les autres en égalité de degrez.

Il y a eû une quatriéme difficulté ſur ledit art. 326. pour ſçavoir
ſi à défaut de parens deſcendus de l'acquereur ceux qui portoient le
nom de l'acquereur ou qui eſtoient deſcendus de parens portant le
nom de l'acquereur devoient eſtre preferez aux autres parens qui ne
portoient pas le nom de l'acquereur , ou qui n'eſtoient pas deſcendus de parens portant le nom de l'acquereur; mais qui eſtoient ſimplement parens de l'acquereur du côté de ſa mere.

Cette quatriéme difficulté s'eſtoit déja preſentée dans l'ancienne
Coutume de Paris entre Nicolas Rouſſel Demandeur d'une part,
& Iacques Girard Deffendeur. Il s'agiſſoit des acquefts de François
Rouſſel fils unique qui eſtoient échûs par ſon decés à François Rouſſel,
ſon fils pareillement fils unique decedé ſans enfans de *Cujus bonis,* Nicolas Rouſſel qui eſtoit parent du coſté de l'acquereur, & qui eſtoit
du nom de l'acquereur pretendoit y ſucceder, Jacques Gerad au contraire ſe deffendoit, qu'il eſtoit parent du deffunt le plus proche d'un
degré & qu'il devoit à cauſe de la proximité eſtre preferé à Nicolas Rouſſel, qui eſtoit plus éloigné d'un degré. Nicolas Rouſſel repliquoit,& convenoit qu'il eſtoit d'un degré plus éloigné que Jacques
Gerard, mais il diſoit qu'il eſtoit parent du deffunt du coſté de l'acquereur; qu'il eſtoit du nom, & du ſang de l'acquereur; que pour
trouver ſa parenté, il ne faloit point remonter plus haut, mais que
pour trouver la parenté de Jacques Gerard il faloit remonter plus
haut que l'acquereur, qu'il faloit remonter à la mere de l'acquereur;
qu'il s'agiſſoit des biens acquis par Rouſſel pere de François Rouſſel,
*de cujus bonis* : Que ce ſeroit vouloir faire une extention à l'art. 326.
de la Coutume. Que puis qu'on avoit bien preferé les parens du défunt deſcendus de l'acquereur aux autres parens qui eſtoient ſimples
parens du deffunt du coſté de l'acquereur, il y avoit encore plus de
raiſon de preferer les parens portans le nom de l'acquereur ou qui
eſtoient deſcendus de parens portant le nom de l'acquereur aux autres parens qui ne portoient pas le nom de l'acquereur ou n'eſtoient
deſcendus de parens portant le nom de l'acquereur par l'Arreſt qui
intervint & qui fut prononcé ſolemnellement avant la feſte de la

Nativité de la Vierge au mois de Septembre 1552. Nicolas Rouſſel obtint ſes fins & concluſions, lequel Arreſt eſt rapporté par du Luc, liv. 8. tit. 10.

La meſme queſtion s'eſtant encore renouvellée depuis la reformation de la Coûtume, elle a encore eſté jugée de meſme qu'elle avoit eſté jugée dans l'ancienne Coûtume; Dufreſne en ſon Journal des Audiances, rapporte un autre Arreſt rendu le 19. May 1651. qui a jugé meſme choſe, il fait mention d'un autre Arreſt du 14. Decembre 1641. La conteſtation ſur laquelle l'Arreſt rapporté par Dufreſne a eſté rendu eſt pour les acqueſts faits par François Bonnard & Marguerite Boucher ſes pere & mere.

François Bonnard & Marguerite Boucher qui eſtoient en communauté de biens, avoient fait pluſieurs acqueſts pendant leur communauté, & par leur deceds, les acqueſts eſtoient devenûs propres à François Bonnard Secretaire du Roy leur fils, qui eſtoit leur heritier; ces acqueſts faits par les pere & mere, pendant leur communauté, eſtoient propres au fils, moitié paternels, moitié maternels. Michel Bonnard Conſeiller du Roy, *de cujus bonis*, avoit ſuccedé à la moitié des acqueſts qui venoient du pere, & cela n'avoit point fait de difficulté ny de conteſtation. La conteſtation ſur laquelle l'Arreſt eſt intervenu, eſtoit ſeulement pour l'autre moitié des acqueſts qui avoient appartenu à Marguerite Boucher ſa mere; la conteſtation eſtoit entre Marie Martin, couſine iſſuë de Germain de François Bonnard Secretaire du Roy, & Jean le Jay Theologal de l'Egliſe de Tours, oncle maternel de François Bonnard ſon néveu, auquel il avoit ſuccedé, & avoit laiſſé Marie Beaurepos, & conſorts ſes néveux & niéces qui exerçoient ſes droits ; Marie Martin, & Jean le Jay Theologal de l'Egliſe de Tours étoient l'un & l'autre parens de François Bonnard Secretaire du Roy, du côté & ligne de Marguerite Boucher ſa mere qui avoit fait les acqueſts; Jean le Jay Theologal de Tours eſtoit le plus proche; car il eſtoit frere uterin de Marguerite Boucher, & oncle maternel de François Bonnard Secretaire du Roy, *de cujus bonis*. Marie Martin eſtoit deſcenduë de Marie Boucher ſon ayeule, & portoit le nom de Boucher, elle eſtoit parente de François Bonnard Secretaire du Roy du coſté de Marguerite Boucher, la mere, laquelle avoit acquis les biens en queſtion; les biens furent adjugez par l'Arreſt du 19. May 1657. à Marie Martin, à l'excluſion de Jean le Jay Theologal de Tours, quoi-que plus proche, par la raiſon que Marie Martin eſtoit deſcenduë de Marie Boucher ſon ayeulle, qui eſtoit ſœur de Marguerite Boucher qui avoit acquis; elle eſtoit parente de François Bonnard Secretaire du Roy, & eſtoit deſcenduë de Marie Boucher, qui portoit le nom de Boucher, qui eſtoit le nom de la perſonne qui avoit acquis. Voilà quels ſont les premiers principes de la matiere des propres, la regle *paterna paternis*, *materna*, *maternis*, eſt la premiere regle & la loy fondamentale de la ſucceſſion des propres. Cette regle eſt commune à la Coutume de

Paris & aux autres Coûtumes du Royaume, l'art. 326. de la Coûtume de Paris est fondé sur cette regle : cet article dit, *Et quant aux propres heritages luy succedent les parens qui sont les plus proches du costé & ligne dont sont venus & échus au deffunt lesdits heritages, encore qu'ils ne soient les plus proches du deffunt* ; les parens du costé paternel succedent aux propres paternels du deffunt à l'exclusion des parens maternels, les parens du costé maternel succedent aux heritages qui viennent du costé maternel, à l'exclusion des parens paternels ; mais au surplus la Coûtume de Paris à sa Jurisprudence particuliere touchant la succession des propres qui n'a point d'autre fondement que la Jurisprudence des Arrests qui sont intervenus sur les contestations qui se sont meuës ; car la Coûtume de Paris par l'article 326. semble simplement y avoir voulu établir la regle *paterna paternis, materna maternis*, mais depuis en interpretant ledit art. 326. on l'a étendu par lesdits Arrests, on a preferé les parens du deffunt du costé de l'acquereur aux autres parens qui n'estoient pas parens du deffunt du costé de l'acquereur, on a aussi preferé les parens du costé de l'acquereur aux autres parens du deffunt qui ne sont pas descendus de l'acquereur ; on a pareillement preferé les parens du deffunt, portant le nom de l'acquereur aux autres parens qui ne portoient pas le nom de l'acquereur : Par exemple, les parens du costé de la mere de l'acquereur ne sont pas parens portant le nom de l'acquereur, ny descendus de parens portant le nom de l'acquereur : c'est la raison pour laquelle on a preferé les parens paternels de l'acquereur qui portoient le nom de l'acquereur, ou qui sont descendus de parens portant le nom de l'acquereur aux parens maternels de l'acquereur, qui ne portent pas le nom de l'acquereur, ou qui ne sont pas descendus de parens, portans le nom de l'acquereur. Si la Jurisprudence s'est bien établie ; que le parent du deffunt descendu de l'acquereur doit estre preferé aux autres parens du deffunt du costé de l'acquereur qui n'en sont descendus, quoiqu'il soit en égalité, ou mesme plus proche : Et si cette Jurisprudence n'est plus revoquée en doute ; on ne peut pas aussi revoquer en doute la Iurisprudence qui s'est établie par les Arrests qui ont jugé que les parens du deffunt qui portent le nom de l'acquereur, ou qui sont descendus de parens portans le nom de l'acquereur, doivent estre preferez aux autres parens du deffunt qui sont seulement parens du deffunt, du costé de la mere de l'acquereur. Il y a plusieurs Arrests rendus en grande connoissance de cause qui l'ont ainsi jugé, & qui en ont étably la Iurisprudence, & cette Iurisprudence semble fondée en grande raison. Il semble raisonnable que les parens du deffunt qui portent le nom de l'acquereur, ou qui sont descendus de parens portant le nom de l'acquereur ayent quelque prerogative, & soient preferez aux autres qui ne portent pas le nom de l'acquereur, ou qui ne sont pas descendus de parens portans le nom de l'acquereur.

Madame de Nemours par sa Requeste signifiée le 18. Avril 1699. qu'elle a employée pour réponse à la Requeste de Monsieur le Prince du du 31. Janvier precedent , & pour contredits des pieces qui y ont esté jointes, fait un grand discours vague, inutile & plain de confusion, qui ne peut avoir aucune application à l'affaire dont il s'agit. Monsieur le Prince ne s'arrestera pas à y répondre, il s'arrestera seulement à ce que Madame de Nemours dit qu'elle est parente de deffont Mademoiselle de Guise en égalité de degré que Madame la Princesse & Madame la Duchesse d'Hanover, qu'elle est parente de Charles de Lorraine Duc de Guise, de Claude de Lorraine Duc de Chevreuse, & de Louise-Marguerite de Lorraine Princesse de Conty, qui estoient les acquereurs de la rente sur les Cinq grosses Fermes, & de la Terre de Ribemont. Madame de Nemours dit que la seule difference entr'e les est, que Madame la Princesse & Madame la Duchess d'Hanover sont parentes de Charles de Lorraine Duc de Guise, de Claude de Lorraine Duc de Chevreuse, & de Louise-Marguerite de Lorraine Princesse de Conty, du côté & ligne de Lorraine, & parentes du costé & ligne de Catherine de Cleves; & que Madame de Nemours est seulement parente de Mademoiselle de Guise du costé & ligne de Catherine de Cleves, mais que les parens de l'acquereur, du costé de sa mere , ne sont pas moins ses parens, que ceux du costé de son Pere ; & ainsi Madame de Nemours pretend qu'elle a tout le mesme droit & la mesme habileté de succeder à cette rente & à cette Terre suivant l'article 326. que Madame la Princesse & Madame la Duchesse d'Hanover.

On soûtient au contraire de la part de Madame la Princesse, & Madame la Duchesse d'Hanover suivant la Jurisprudence des Arrests qui viennent d'estre raportez, que les parens du deffunt qui portent le nom de l'acquereur ou qui sont descendus de parens portant le nom de l'acquereur, doivent succeder preferablement aux parens maternels de l'acquereur, que les parens paternels de l'acquereur doivent estre preferez aux parens maternels de l'acquereur. Il seroit inutile d'uzer de repetition.

Le conseil de Madame de Nemours ayant bien reconnu que cette Jurisprudence estoit establie par ces quatre Arrests rendus en grande connoissance de cause, a ajouté par sa requeste du 18. Avril 1699. que Duluc qui raporte cet Arrest ne sçavoit pas cet Arrest par luy mesme, qu'il ne le sçavoit que par oüy dire & que cela est justifié par ce qui est écrit par cet Autheur, car sur l'objection qu'Imbert avoit faite à du Luc, qu'il n'avoit raporté un autre Arrest contraire, que pour connoistre lequel de ces deux Arrests devoit prevaloir, il faloit sçavoir en quelles Coutumes ils avoient esté rendus, il luy respond qu'il n'estoit point question de Coutumes , en ces termes. *Sed ut audivimus nihil erat quod in morum disputatione versaretur*, par consequent dit-on, Duluc qui a raporté cet Arrest ne le sçavoit pas par luy mesme, mais par oüy dire. Madame de Nemours dit en suite qu'il est perilleux d'ajouter foy à ces Arrests qui le debitent dans le Palais ; & dont on n'a connoiſſance que ſur le raport d'autruy.

Meſdames la princeſſe & Ducheſſe d'Hanover repondent que le conſeil de Madame de Nemours n'a pas aſſez examiné ce qui eſt raporté par Duluc où il dit, que ces deux Arreſts qu'Imbert avoit crû d'abord eſtre contraires ſe concilient aiſément en ce que celuy qui eſt allegué de la part de Meſdames la Princeſſe & Ducheſſe d'Hanover eſtant rendu dans la Coutume de Paris, & l'autre en Païs de Droit écrit; En deuxiéme lieu, le conſeil de Madame de Nemours a mal interpreté & mal entendu ce qui eſt écrit par Duluc, *ſed ut audivimus nihil erat quod in morum diſputatione verſaretur,* Duluc n'a pas voulu dire par ces termes, qu'il eût ſçû ces Arreſts par oüy dire, mais il a dit qu'il faloit que ces 2. Arreſts euſſent eſté rendus en differentes Coutumes, puis qu'il l'avoit entendu lors que l'Arreſt fut prononcé en Robes Rouges, Monſieur le Preſident qui prononca ledit Arreſt en diſoit les motifs, c'eſt ce qui fait dire à Duluc, *ſed ut audivimus nihil erat quod in morum diſputatione verſaretur.*

Madame de Nemours fait une autre objection par ſa derniere Requeſte du dix-huit Avril 1699. Elle dit qu'il n'eſt pas moralement poſſible que cet Arreſt ait eſté rendu en l'année 1552. de la maniere qu'il eſt rapporté par cet Auteur ; car, dit-on, avant la reformation de la Coûtume, qui n'a eſté reformée qu'en 1580. il falloit eſtre deſcendu de l'acquereur pour exclure le plus proche heritier du deffunt; que dans l'eſpece de cet Arreſt rapporté par Duluc Rouſſel qui a gagné ſa cauſe, n'eſtoit pas deſcendu de l'acquereur, & eſtoit le plus éloigné en degré ; par conſequent qu'on n'auroit pas jugé tout le contraire de ce qui s'obſervoit lors à Paris.

On répond de la part de Meſdames les Princeſſe & Ducheſſe d'Hanover qu'il eſt faux & ſuppoſé que dans l'ancienne Coûtume avant qu'elle eût eſté reformée en 1580. on jugeaſt qu'il falloit eſtre deſcendu de l'acquereur pour exclure le plus proche heritier du defunt. Il eſt vray que quelques Autheurs avoient fait cette propoſition ; mais elle fut rejettée comme eſtant une propoſition nouvelle contraire au texte de la Coûtume.

Madame de Nemours fait encore une autre obſervation, elle dit que quand on preſumeroit que cet Arreſt euſt eſté rendu de la maniere qu'il eſt rapporté par Duluc, cela ne pourroit eſtre d'aucune conſequence, parce que ce qui a eſté jugé avant la reformation de la Coûtume de Paris, ne peut pas ſervir pour les queſtions qui ſe preſentent à juger preſentement, par la raiſon, dit-on, que le principe de decider a changé par le moyen des articles qui ont eſté adjoûtez à la Coûtume lors qu'elle a eſté reformée.

On répond de la part de Meſdames la Princeſſe & Ducheſſe d'Hanover que le Conſeil de Madame de Nemours ſe trompe encore; dans l'ancienne Coûtume, avant qu'elle fût reformée, il n'y avoit au-

aucune difpofition dont on pût induire qu'il falloit eftre defcendu d
l'acquereur , pour exclure le plus proche parent du deffunt, & cet
te Iurifprudence n'eftoit point établie au temps de l'ancienne Coû
tume.

Madame de Nemours parle enfuite de l'Arreft du dix-neuf May
1651. rapporté par Dufrefne en fon Journal des Audiances de l'édition de 1678. par cet Arreft on a jugé mefme chofe que par l'Arreft
rapporté par Duluc. Dufrefne fait encore mention au mefme lieu de
deux autres Arrefts qui avoient jugé mefme chofe ; & cet Auteur ob-
ferve que cette Iurifprudence eft bien établie ; les parens de la perfonne decedée du côté paternel de l'acquereur, devoient eftre preferez
aux autres parens du deffunt qui eftoient feulement parens du cofté
de la mere de l'acquereur. Le Confeil de Madame de Nemours a voulu
contredire cet Arreft rapporté par Dufrefne, difant qu'on n'a pas jugé
cette queftion ; mais on a fait voir de la part de Mefdames la Princeffe
& Duchefle d'Hanover qu'on avoit jugé précifement la queftion *in
terminis*, de mefme que par l'Arreft rapporté par Duluc, on a pour cet
effet rapporté la veritable Genealogie ; Madame de Nemours par fa
derniere Requefte du dix-huit Avril 1699. dit qu'il y a quatre circonf-
tances toutes differentes de celles de la conteftation dont il s'agit, qui
font voir qu'il n'eft pas poffible de faire aucune application de cet Arreft à la conteftation , mais la Cour verra que la conteftation d'entre les
parties qui fe prefente, eft entierement femblable à celle qui a efté jugée par cet Arreft rapporté par Dufrefne.

La premiere circonftance qui eft alleguée par Madame de Nemours, eft de dire que la conteftation fur laquelle eft intervenu ledit
Arreft eftoit entre un coufin iffu de germain du deffunt, & fon oncle,
on a preferé le coufin iffu de germain à l'oncle.

On répond de la part de Madame la Princeffe & Madame la Ducheffe d'Hanover, qu'il eft faux & fuppofé que la conteftation fût
entre un defcendant & un afcendant.

La conteftation eftoit pour les propres de François Bonnard Secretaire du Roy, mort fans enfans, lefquels propres venoient de Marguerite Boucher fa mere qui les avoit acquis ; Marie Martin qui portoit
le nom de Boucher, & qui eftoit parente du deffunt du cofté paternel de l'acquereur pretendoit y fucceder preferablement à Jean le
Jay Theologal de Tours qui n'eftoit parent du deffunt, que du cofté
de la mere de Marguerite ; & par ledit Arreft du dix-neuf May 1651.
Iean le Jay y prétendoit fucceder comme plus proche ; neanmoins on
a jugé que Marie Martin qui eftoit parente du deffunt, du cofté paternel de l'acquereur y devoit fucceder preferablement audit le Iay,
quoy-que plus proche parent du deffunt.

Madame de Nemours allegue une feconde circonftance, elle dit
qu'il y avoit une tranfaction paffée entre Marie Martin & fes coheritiers, & que c'eft le titre, en vertu duquel elle a efté maintenuë dans
lefdits biens.

On répond de la part de Mefdames la Princeffe & Ducheffe d'Hanover, qu'il eft faux & fuppofé qu'il y euft eu tranfaction paffée entre Marie Martin & fes coheritiers, par laquelle elle eût efté maintenuë dans lefdits biens, elle n'y a efté maintenuë qu'en vertu dudit
Arreft, elle n'avoit point d'autre titre, elle n'avoit point tranfigé ny
paffé aucun acte avec Iean le Iay Theologal de Tours. Ledit Iean le
Iay Theologal de Tours, quoy-que plus proche parent dudit deffunt François Bonnard fut exclus, parce qu'il eftoit feulement fon parent du cofté de la mere de Marguerite Boucher qui avoit acquis l'heritage; & au contraire, Marie Martin eftoit parente du cofté paternel
de ladite Marguerite Boucher. D'ailleurs, s'il euft efté vray que Marie
Martin euft une tranfaction à fon profit qui l'euft maintenuë dans la
poffeffion des biens, elle n'auroit pas eu befoin d'un Arreft.

Madame de Nemours allegue une troifiéme circonftance, que
Iean le Iay Theologal de Tours n'avoit point demandé de fon vivant
part dans la fucceffion de François Bonnard fon néveu, c'eftoit les
heritiers dudit le Iay étrangers de la famille du deffunt qui venoient
troubler les veritables heritiers dans la poffeffion paifible, dans laquelle
ils eftoient des biens de leur famille, avec titre & bonne foy.

On répond de la part de Mefdames les Princeffe & Ducheffe
de Hanover, que Jean le Jay Theologal de Tours mourut peu de temps
aprés l'ouverture de la fucceffion dudit François Bonnar, s'il eût efté
vray que ledit le Jay, eut eû quelque droit fur lefdits biens, fon droit
auroit fans doute paffé à fes heritiers fuivant la regle, le mort faifit
le vif, mais on a jugé que ledit le Jay Theologal de Tours n'y avoit
eu aucun droit, par la raifon qu'il eftoit feulement parent dudit François Bonnard du cofté & ligne maternel de l'acquereur des biens
dont eftoit queftion, & qu'au contraire Marie Martin eftoit parente
du défunt du cofté paternel de Marguerite Boucher qui avoit acquis lefdits biens, & par confequent qu'elle y devoit fucceder à l'exclufion dudit Jean le Jay Theologal de Tours.

Le confeil de Madame de Nemours allegue enfuite l'Arreft de Lef-
calopier qui eft raporté par Mr le Preftre avec la genealogie, premiere Centurie chap. 72.

On répond de la part de Mefdames la Princeffe, & Ducheffe d'Hanover que cet Arreft ne peut avoir aucune aplication à l'affaire dont
il s'agit. Mr le Preftre qui a raporté cet Arreft au lieu cité, & qui
deduit le fait, & la Genealogie des Parties, dit que dans le fait particulier dont eftoit queftion, ny l'une ny l'autre des Parties n'eftoit
parent du deffunt du cofté de l'acquereur de ladite maifon, & qu'on
l'adjugea à Nicolas Champin qui eftoit le plus proche parent de
Jeanne de Nevers, de la fucceffion dont eftoit queftion, ainfi le confeil de Madame de Nemours allegue des Arrefts inutils pour broüil-
ler & embaraffer l'affaire, Mefdames la Princeffe & Ducheffe d'Hanover, ont foutenu & foutiennent que les parens de la perfonne

decedée

decedée portant le nom de l'acquereur, ou qui font defcendus dé parens portant le nom de l'acquereur ; c'eft-à-dire les parens du cofté paternel de l'acquereur devoient eftre preferez aux autres parens du deffunt qui font fimplement parens de la perfonne decedée du cofté de la mere de l'acquereur.

Le confeil de Madame de Nemours allegue enfuite l'Arreft des Courtilliers, il dit qu'il s'agiffoit de la fucceffion de Pierre Raoult, & que la queftion eftoit pour les acquefts faits par Jean, & Marguerite Raoul frere & Sœur dudit Pierre Raoul, de la fucceffion dont il s'agiffoit ; que la conteftation eftoit entre Iacques Michel qui pretendoit que les acquefts faits par Marguerite & Jean Raoult avoient efté faits propres audit Pierre Raoul de la fucceffion duquel il s'agiffoit, & qu'ils devoient eftre reputez propres moitié paternels & moitié maternels, & partagez par moitié par ce qu'ils luy eftoient échus de Marguerite & de Jean Raoult fon frere & fa Sœur : Pierre Courtilier ne conteftoit pas que lefdits acquefts ne fuffent propres audit Pierre Raoul de la fucceffion dont eftoit queftion, mais il difoit que n'ayant pas fait fouche en directe, ils devoient luy eftre adjugez comme plus proche, que cela fut ainfi jugé aprés une enquefte par turbes, & que cette Sentence fut confirmée par Arreft. Le Confeil de Madame de Nemours dit enfuite, que cela eft directement contraire à la pretention de Mefdames la Princeffe, & Ducheffe d'Hanover, car dit-il, Pierre Courtillier auquel on adjugea les biens, eftoit parent de Pierre Raoul du cofté maternel, & Jacques Michel qui fût debouté de fa pretention eftoit parent du cofté paternel, & que cela juge precifement le contraire de l'Arreft raporté par Duluc dont Madame la Princeffe & Madame la Ducheffe d'Hanover veulent tirer avantage.

On repond de la part de Mefdames les Princeffe & Ducheffe de Hanover : Que le Confeil de Madame de Nemours a cité mal à propos cet Arreft, & qu'il ne peut avoir aucune aplication à l'affaire dont il s'agit. Cet Arreft a fimplement jugé que les acquefts faits par Marguerite & Jean Raoul qui eftoient écheus par leur déces à Pierre Raoul leur fiere decedé fans enfans de la fucceffion dont il s'agiffoit devoient eftre adjugez à Pierre Courtillier comme plus proche parent dudit Pierre Raoul, par la raifon que lefdits acquefts faits par Marguerite & Jean Raoul n'avoient point fait fouche en directe, & qu'ils fe devoient partager dans la fucceffion de Pierre Raoul leur frere decedé fans enfans de mefme que des acquefts, & qu'ils devoient eftre adjugez au plus proche, c'eft à-dire à Pierre Courtillier qui eftoit le plus proche dudit Pierre Raoul. Cela fait voir clairement que ce qui a efté jugé par cet Arreft ne peut avoir aucune application à l'affaire dont il s'agit, & n'a rien d'aprochant de ce qui a efté jugé par l'Arreft raporé par Duluc ; Mr Loüet L. P. nomb. 18. raporte le mefme Arreft touchant les autres biens dudit Pierre Raoul, c'eft-à-dire

L

les propres paternels & les propres maternels dudit Pierre Raoul, &
cet Auteur dit que les biens paternels furent adjugez à Jacques Michel comme parent paternel estant issu de Baudoüin Raoul, & les
propres maternels furent adjugez à Pierre Courtillier, comme estant
le plus proche du costé maternel, suivant la regle *paterna paternis, ma-*
*terna maternis*, tout cela est bien different de ce qui a esté jugé par
l'Arrest raporté par Duluc qui a jugé que les parens de la personne decedée du costé du pere de l'acquereur doivent estre preferez
à ceux qui ne sont parens du deffunt, que du costé de la mere de
l'acquereur.

Le Conseil de Madame de Nemours allegue ensuite par sadite Requeste du 18. Avril 1699. l'Arrest des Grassins, & dit que les biens
dont estoit question furent adjugez à Anthoinette Rebours, quoy-
qu'elle ne fût parente du deffunt que du costé de Marie Fimere sà
mere à l'exclusion de Laurent Grassin plus éloigné quoyque parent
du costé des Grassins, & que la raison de decider fut que les biens
n'estoient pas plus affectez à la ligne paternelle de l'acquereur, qu'a
la ligne maternelle de l'acquereur, & que s'ils avoient esté en égalité de degré, on leur en auroit adjugé chacun une portion égale.

On repond de la part de Mesdames les Princesse & Duchesse
d'Hanover, que cet Arrest ne peut avoir encore aucune aplication à
l'affaire dout il s'agit. Premierement ledit Arrest des Grassins est rapporté tout autrement par Me René Chopin qu'il n'est raporté par
le Conseil de Madame de Nemours par lad. Requeste du 18. Avril 1699.
René Choppin dit que les biens dont estoit question avoient esté acquis par Theodoric Grassin, & estoient devenus propres naissants à
Thiery Grassin son neveu, de la succession dont estoit question, &
qu'il falloit faire difference des Propres naissants d'avec les anciens propres, & que sur ce fondement la Cour par le mesme Arrest auroit
adjugé les propres anciens à Laurent & Nicolas Grassin. Voicy les termes de Me René Chopin, *Quod si eadem ex gente cognationeque hære-*
*dis confluant certatim ad propria demortui capissenda, tunc gradu proximo sibi*
*sumit recentius parta illius hæredis à Patruo forte vel cognato cui defunctus in*
*ea successerit quale patrimoniorum genus vulgo proprium nascens nuncupamus ;*
*avita vero, (&) ab communi hæredum pro genitore devoluta seriatim capi-*
*unt etiam vlterioris gradus agnati id enim vere gentilitium definimus hære-*
*dium quod antecessores nostri ære suo comparârint, quare senatus in controversâ*
*grassinorum hæreditate laterali addixit gradu citeriori Antoniæ reburjæ novâ*
*adgnati patrimonia Theodorici Grassini, antiqua vero Grassinæ familiæ bona*
*Laurenti, & Nicolæ Grassinis qui a communi ipsorum possessore avo, (&)*
*Proavo genus deducebant senatus consulto memorabili 9. calend. Octob. anni 1595.*
*Bernardo litis enaratore.* Cet Auteur dit que l'Arrest fut rendu aprés en-
questes par turbes faites au Chastelet, & qu'il se trouva contrarieté
d'oppinions, *post confusas pragmaticorum testationes Castelli Parisiensis ex in-*
*terlocutione Curiæ &c.* En second lieu, dans le fait il y avoit une cir-

conftance particuliere avantageufe à Antoinette Rebours ; qui eftoit que ladite Antoinnette Rebours eftoit plus proche de deux dégrez que Laurent & Nicolas Grasfin.

Le Confeil de Madame de Nemours allegue enfuite par fadite Requefte du dix-huit Avril 1699. l'Arreft des Iacquelins; il s'agiffoit de la fucceffion de Henry-Louis Iacquelin, Chriftophe Chevalier & confors defcendus de Marguerite Iacquelin leur ayeule, mariée à Jalin Huiffier aux Requeftes du Palais, apelant d'une Sentence des Requeftes du Palais du 6. Octobre 1663. d'une part, & Nicolas Philippe, Françoife & Magdelaine les Danquechins heritiers auffi en partie dudit Henry-Louis Iacquelin intimez;led. Henry-Louis Iacquelin de la fucceffion dont étoit queftion, avoit laiffé plufieurs fortes de biens qui venoient de differentes perfonnes; mais la conteftation n'eftoit en caufe d'apel que pour les biens qui avoient efté acquis par Anne Iacquelin pere, & par Iean Iacquelin oncle paternel dudit deffunt Henry Louis Iacquelin de la fucceffion dont eftoit queftion, lefdits Chriftophe Chevalier & conforts qui eftoient iffus de Marguerite Iacquelin mariée à Ialin Huiffier aux Requeftes du Palais; leur ayeul & ayeule difoient qu'ils avoient droit de fucceder aux propres provenus des acquifitions faites par Anne & Iean Iacquelin pere, & oncle dudit deffunt Henry-Louis Iacquelin, qu'ils eftoient de la ligne des Iacquelins; les Danquechins difoient au contraire qu'ils eftoient les plus proches parens dudit deffunt Henry-Louis Iacquelin de la fucceffion dont eftoit queftion du cofté defdits Anne & Iean Jacquelin pere, & oncle dudit deffunt Henry-Loüis Iacquelin ; par l'Arreft on adjugea lefdits biens aux Danquechins, comme plus proches dudit deffunt Henry-Louis Iacquelin, du cofté & ligne defdits Anne & Iean Iacquelin qui avoient acquis lefdits biens.

On répond de la part de Monfieur le Prince, de Mefdames les Princeffe & Ducheffe d'Hanover, que par cet Arreft, on a fimplement jugé, que pour fucceder à un propre, il falloit eftre le plus proche parent du cofté & ligne de l'acquereur qui avoit mis le premier l'heritage dans la famille ; cette queftion fut fimplement agitée, la matiere ne fut point plus avant penetrée ny approfondie ; De forte que cet Arreft eft encore inutilement allegué par Madame de Nemours; mais au contraire la queftion dont il s'agit de fçavoir fi les parens du deffunt du cofté paternel de l'acquereur, c'eft à dire qui portent le nom de l'acquereur, doivent eftre preferez aux parens du cofté maternel de l'acquereur qui ne portent pas le nom de l'acquereur, ou qui ne font pas defcendus de parens portans le nom de l'acquereur, a efté jugée *in terminis*, par les quatre Arrefts cy-deffus citez par M. le Prince, Mefdames les Princeffe & Ducheffe d'Hanover, qui ont jugé en leur faveur. Le premier eft prononcé en Robbes rouges au mois de Septembre 1652. rapporté par du Luc en fon Recüeil d'Arrefts prononcez en Robbes rouges. Le fecond rendu en la Grand'-Chambre, au rapport de Monsieur le Meusnier, qui est rapporté par Dufresne en son Iournal des Audiances, liv. 6. chap. 24. où le mesme Auteur fait mention de deux autres Arrests qui avoient jugé mesme chose ; de sorte que c'est une Iurisprudence qui doit demeurer pour constante, & bien établie, qui ne doit plus estre revoquée en doute : Et les Arrests alleguez par le Conseil de Madame de Nemours, au contraire, n'ont point jugé la question dont il s'agit.

La question, si les parens du deffunt du costé du pere de l'acquereur doivent estre preferez pour la succession des propres aux parens du deffunt du costé de la mere de l'acquereur avoit déja esté formée dans l'ancienne Coûtume de Paris, entre Nicolas Roussel demandeur d'une part, & Iacques Gerard deffendeur, d'autre part. Il s'agissoit des acquests faits par François Roussel fils unique, qui estoient écheus par son deceds à François Roussel son fils unique decedé sans enfans, *de cujus bonis.*

Nicolas Roussel qui estoit parent du costé de l'acquereur, & qui estoit du nom & du sang de l'acquereur pretendoit y succeder, Iacques Gerard au contraire le deffendoit ; disant qu'il estoit parent du deffunt le plus proche d'un degré, & qu'il devoit estre preferé à Nicolas Roussel qui estoit d'un degré plus éloigné. Nicolas Roussel repliquoit & convenoit qu'il estoit d'un degré plus éloigné que Iacques Gerard, mais il disoit qu'il estoit parent du deffunt du costé de l'acquereur, & du nom & du sang de l'acquereur ; que pour trouver sa parenté, il ne falloit point remonter plus haut que l'acquereur ; mais que pour trouver de la parenté de Iacques Gerard, il falloit remonter plus haut que l'acquereur, il falloit remonter à la mere de l'acquereur ; qu'il ne s'agissoit point des biens de l'ayeule du deffunt, mais qu'il s'agissoit des biens acquis par Roussel pere de François Roussel, *de cujus bonis.*

Par l'Arrest qui intervint, & qui fut prononcé solemnellement avant la Feste de la Nativité de la Vierge au mois de Septembre 1552. Nicolas Roussel obtint ses fins & conclusions, lequel Arrest est rapporté par du Luc, liv. 8. titre 10. *de hæreditatibus, quæ ab intestato deferuntur.* Voicy les termes de cet Autheur qui s'est nettement expliqué, *Francisco Rosello sine liberis mortuo ejus hæreditatem aut certè bona, quæ illi à patre obvenerant petebat Nicolaus Rosellus propius sobrino, & deffendebat Iacobus Geraldus deffuncto consobrinus ea ad se pertinere, quod hoc uno gradu petitorem anteverteret : antevertis quidem referebat petitor ; sed quæ controvertuntur, non ab avia lunella per quam solum tu defunctum, non etiam per avum, ut ergo contengis, profecta sunt, imo vero sunt patris labore parta secundum eum unde petebatur præfectus urbis pronunciaverat, sed curiæ contra placuit, res controversas petitori paterno adjudicavit 5. Idus Septembris 1552. Fameorio Litis enarratore.*

Madame la Duchesse de Nemours voyant la force de cet Arrest, a cherché une évasion, elle a dit que ce droit d'agnation n'avoit point esté observé en France ; qu'il a mesme esté abrogé en païs de Droit

Ecrit;

Ecrit ; qu'en Païs Couftumier on a toûjours obfervé la regle *paterna paternis, materna maternis*, que les propres du deffunt font deferez à fon plus proche parent du cofté de celuy qui les a mis dans la famille fans diftinguer s'il porte le nom de l'Acquereur, ou s'il eft defcendu de Parens portant le nom de l'Acquereur, qu'il fuffit d'eftre parent le plus proche du deffunt du cofté de l'Acquereur.

On convient que le droit d'agnation n'a point efté obfervé en France ; cela n'eft point revoqué en doute, & il n'en eft pas queftion : on convient auffi que la regle *paterna paternis materna maternis*, eft obfervée en Païs Coûtumier, que les Parens du deffunt du cofté paternel n'ont droit qu'aux propres de leur cofté & ligne, & que les Parens maternels ont droit de fucceder aux propres maternels. Mais autre chofe eft ce dont il s'agit. Pour expliquer cela, il fera obfervé que par les Arrefts qui ont interpreté l'article 326. de la Coûtume de Paris, on a jugé qu'il ne faloit pas feulement fuivre la regle *paterna paternis materna maternis* ; mais qu'entre les parens de chacun cofté paternel, ou maternel, il faloit regarder ceux qui eftoient Parens du deffunt du cofté de l'Acquereur, & que ceux qui feroient Parens du deffunt du cofté de l'acquereur devoient eftre preferez à ceux qui n'eftoient pas Parens du cofté de l'acquereur, quoy qu'ils fuffent plus proches Parens du deffunt. On a encore jugé par les Arrefts qui ont efté rendus en interpretation de l'article 326. que les Parens du deffunt qui portoient le nom de l'acquereur ou qui étoient defcendus de parens portant le nom de l'acquereur doivent eftre preferez à ceux qui ne portoient pas le nom de l'acquereur ou qui n'étoient pas defcendus de Parens portans le nom de l'acquereur, & qui étoient feulement Parens de l'acquereur du côté de la mere de l'acquereur. On a jugé par ces Arrefts qu'il ne faloit pas geminer & redoubler la regle *paterna paternis materna maternis*, qu'il ne faloit aprés avoir obfervé cette regle une fois entre les parens du deffunt paternels & maternels, l'obferver une autre fois entre les parens du deffunt du cofté de l'acquereur, qu'on a déja fait une extenfion à l'article 326. qu'il ne falloit pas y faire une feconde extenfion.

L'article 326. eft de l'ancienne Coûtume, c'eftoit le 147e. article, ceux qui ont reformé la Coûtume en 1580. ont laiffé cet article aux mêmes termes qu'il eftoit conçû, & n'y ont rien changé, ny rien ajoûté ; ainfi il a la mefme vigueur, la mefme authorité depuis la reformation de la Coûtume qu'il avoit dans l'ancienne Coûtume. L'Arreft raporté par du Luc a efté réndu en interpretation de l'article 326. c'eft un Arreft folemnellement prononcé en Robes rouges. On fçait que les Arrefts que la Cour a rendus en interpretation de la Couftume, ont la mefme authorité que le texte de la Couftume. Il eft vray qu'il y avoit varieté d'opinions pour fon interpretation, les uns difoient que pour la fucceffion des propres il faloit fimplement fuivre la regle *paterna paternis materna maternis*, les autres difoient qu'il ne falloit pas feulement fuivre cette regle, mais qu'il faloit eftre defcendu de l'acquereur ; les autres difoient qu'il n'étoit pas neceffaire d'eftre defcendu de l'acquereur, mais feulement d'eftre parent du deffunt du cofté de l'acquereur ; les autres difoient que les parens du nom de l'acquereur, ou qui eftoient defcendus de parens portant le nom de l'acquereur devoient eftre preferez à ceux qui ne portoient pas le nom de l'Acquereur, ou qui n'eftoient pas defcendus de parens portant le nom de l'acquereur.

La queftion eftant prefentée dans la fucceffion de François Rouffel pour fçavoir fi Nicolas Rouffel qui eftoit parent du deffunt du cofté du Pere de l'acquereur, & Coufin iffu de germain de l'acquereur, devoit eftre preferé à Jacques Gerard qui eftoit feulement parent de l'acquereur du cofté de la mere de l'acquereur, & qui ne portoit pas le nom de l'acquereur, & n'eftoit pas defcendu de parens portant le nom de l'acquereur, & eftoit Coufin germain de l'acquereur, Jacques Gerard difoit qu'il eftoit Coufin germain & plus proche d'un degré que Nicolas Rouffel qui n'eftoit que Coufin iffu de germain : neanmoins Nicolas Rouffel qui eftoit plus éloigné d'un degré, & qui n'étoit que Coufin iffu de germain obtint les fins & conclufions & fut preferé, par la raifon qu'il étoit parent du côté du pere de l'acquereur & que Jacques Gerard eftoit feulement parent de l'acquereur du côté de la mere de l'acquereur.

Le Confeil de Madame la Ducheffe de Nemours ajoûte que du Luc qui rapporte cet Arreft, s'explique d'une maniere fort obfcure & mefme que cet Autheur au nombre immediatement precedent, nombre 3. rapporte un autre Arreft contraire, que cette contrarieté donna lieu à du Luc d'en écrire à Imbert celebre Avocat de fon temps.

On répond que le Confeil de Madame la Ducheffe de Nemours n'a pas entendu ce qui eft rapporté à la fin du Livre de du Luc. Il n'eft pas veritable que du Luc eût écrit le premier à Imbert, mais ce fut Imbert Avocat de Province qui écrivit a du Luc, qu'il avoit trouvé en lifant fon Livre, que cet Arreft, & un autre immediatement precedent par luy rapporté eftoient contraires & ne fe pouvoient concilier, finon que l'un euft efté rendu pour le Païs Coûtumier, & l'autre pour le Païs de Droit-Ecrit.

Voicy les termes *Adnotavimus quidem in his tuis lucubrationibus in titulo de hæreditatibus quæ ab inteftato deferuntur tertium & quartum caput inter fe pugnare, nifi in priore accipias bona fita in regionibus quæ jus fcriptum retinent, in pofteriore vero bona ibi fuiffe pofita quæ moribus reguntur*, &c. Et du Luc fit réponfe à Imbert qu'en effet ces deux Arrefts fembloient contraires, mais qu'ils fe concilioient ; ainfi qu'il l'avoit penfé, que l'un eftoit pour le Païs de Droit-Ecrit, & l'autre rendu pour la Coûtume de Paris, fur l'appel d'une Sentence du Prevoft de Paris. *Mecum plane fenfifti, optima eft illa quidem tua conciliatio, ex juris fcripti morumque differentia.*

En quatriéme lieu, le Conseil de Madame la Duchesse de Nemours, dit, qu'on doit rejetter ces anciens Arrests, que depuis leur
datte l'ordre des successions & les principes de cette matiere ont esté
absolument changez lors que la Coustume a esté reformée, & que
ce qui a esté jugé dans ces anciens temps où la Jurisprudence des
propres n'estoit pas encore bien fixe ne doit estre consideré.

On répond que le Conseil de Madame la Duchesse de Nemours
se trompe encore. La reformation qui a esté faite de la Coûtume
de Paris depuis ces Arrests n'a rien changé pour ce regard, l'art. 326.
estoit (comme il a esté dit) le 147. de l'ancienne Coûtume ; les re-
formations n'y ont rien changé, il a sa vigueur & son authorité depuis la reformation de la Coûtume comme auparavant & cet article, qui dit, qu'*aux propres succedent les parens les plus proches du costé*
*& ligne dont ils sont venus & échus au deffunt*, s'entend du côté de l'acquereur ; mais qu'on a preferé ceux qui portoient le nom de l'acquereur,
ou qui sont descendus de parens portant le nom de l'acquereur à
ceux qui qui ne portoient pas le nom de l'acquereur, ou qui n'é-
toient pas descendus de parens portant le nom de l'acquereur.

# Genealogie de François Roussel,
## suivant l'Arrest rapporté par du Luc.

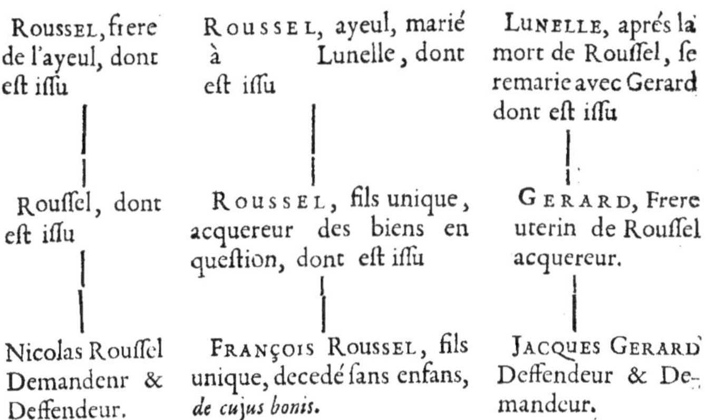



La mesme question s'estant renouvellée depuis la reformation
de la Coûtume, elle a encore esté jugée de mesme qu'elle avoit
esté jugée dans l'ancienne Coûtume, & la Jurisprudence a esté
confirmée. Du Fresne au Journal des Audiances, raporte un Arrest
rendu le 19. May 1551. qui adjuge même chose, & il fait mention
d'un autre Arrest du 14. Decembre 1641. La contestation sur laquelle l'Arrest rapporté par Du Fresne a esté rendu, estoit pour les

acquests faits par François Bonnar & Marguerite Boucher qui étoient en communauté de biens, avoient fait plusieurs acquests pendant leur communauté, & par leur deceds les acquests estoient devenus propres à François Bonnard Secretaire du Roy leur fils, qui avoit esté leur heritier ; ces acquests faits par les pere & mere pendant leur communauté, estoient propres au fils, moitié paternel, moitié maternel. Michel Bonnard Conseiller au Parlement de Mets, frere consanguin de François Bonnard Secretaire du Roy *de cujus bonis*, avoit succedé à la moitié des acquests qui venoient du pere, & cela n'avoit point fait de difficulté, ny de contestation : La contestation sur laquelle l'Arrest du 19. May 1651. est intervenu, estoit seulement pour l'autre moitié des acquests qui avoit appartenu à Marguerite Boucher sa mere ; la contestation estoit entre Marie Martin cousine issuë de germain de François Bonnard Secretaire du Roy, & Jean Le Jay Theologal de l'Eglise de Tours, Oncle maternel de François Bonnard Secretaire du Roy qui avoit survécu François Bonnard son neveu auquel il avoit succedé, il estoit decedé ; & avoit laissé Marie Beaurepos & consors, ses Neveux & Nieces qui exerceroient ses droits : Marie Martin, & Jean Le Jay, Theologal de l'Eglise de Tours estoient l'un & l'autre parens de François Bonnard Secretaire du Roy, du costé & ligne de Marguerite Boucher sa mere, qui avoit fait les acquests, Jean Le Jay Theologal de l'Eglise de Tours estoit le plus proche ; car il estoit frere uterin de Marguerite Boucher, & Oncle maternel de François Bonnard Secretaire du Roy, *de cujus bonis*, Marie Martin estoit seulement Cousine issuë de germain de François Bonnard Secretaire du Roy, Marie Martin estoit descenduë de Marie Boucher son ayeule, qui portoit le nom de Boucher, elle estoit parente de François Bonnard Secretaire du Roy du costé de Marguerite Boucher sa Mere, qui avoit acquis les biens en question ; les biens furent adjugez par l'Arrest du 19. May 1651. à Marie Martin, à l'exclusion de Jean le Jay Theologal de Tours, quoy-que plus proche, par la raison que Marie Martin estoit descenduë de Marie Boucher son ayeule, qui estoit sœur de Marguerite Boucher, qui avoit acquis. Elle estoit parente de François Bonnard Secretaire du Roy, & estoit descenduë de Marie Boucher, qui estoit le même nom de la personne qui avoit acquis.

# Genealogie de François Bonnard

### Secretaire du Roy, *de cujus bonis*.

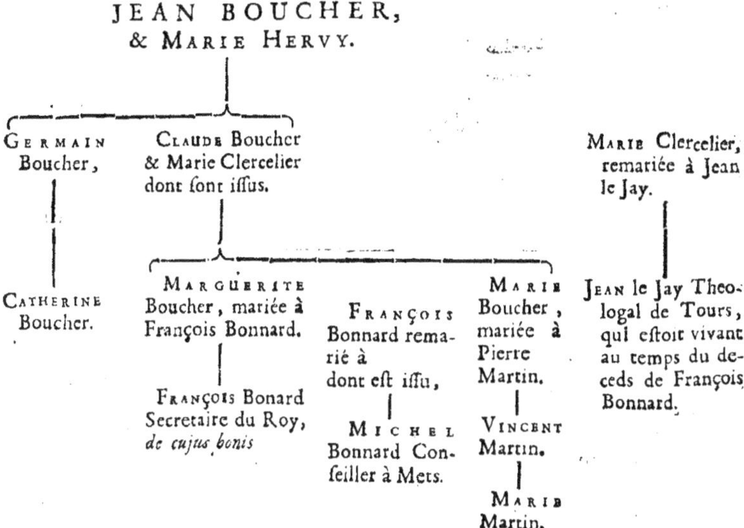


Les biens en queftion furent adjugez par cet Arreft à Marie Martin, quoy-qu'elle ne fût pas la plus proche, par la raifon qu'elle eftoit defcenduë de Marie Boucher, qui portoit le nom de Boucher qui eftoit le nom de la perfonne qui avoit acquis.

Ainfi Madame la Princeffe de Condé & Madame la Ducheffe d'Hanover eftant defcenduës de Charles de Loraine Duc de Mayenne, eftant defcenduës des parens portant le nom des acquereurs, elles y doivent fucceder preferablement à Madame la Ducheffe de Nemours qui n'eft parente des acquereurs qu'à caufe de Catherine de Clêves mere des acquereurs, elle n'eft point du nom de Loraine qui eft le nom des acquereurs, ny defcenduë de parens portans le nom des acquereurs; & pour trouver la parenté de Madame la Ducheffe de Nemours, il faut remonter à la mere des acquereurs.

Mais fuppofé mefme ( fans en convenir ) que les parens du deffunt du cofté & du nom de l'acquereur ne fuffent pas preferez, Madame la Ducheffe de Nemours n'auroit pas droit de pretendre la moitié de la rente, elle n'y pourroit pretendre qu'un quart, la rente fe partageroit premierement entre la ligne de Loraine, de Guife, & la ligne de Cléves par moitié, Madame la Princeffe de Condé & Madame la Ducheffe d'Hannover qui font elles feules de la ligne de Loraine de Guise auroient elles seules une moitié, & l'autre moitié appartenant à la ligne de Clèves se subdiviseroit, Madame la Princesse de Condé, & Madame la Duchesse d'Hanover auroient les trois quarts de la rente ; sçavoir la moitié à cause de la ligne de Loraine, & un quart à cause de la ligne de Clèves, & Madame la Duchesse de Nemours y auroit seulement un quart à cause de la ligne de Clèves ; les deux Familles de Loraine, de Guise, & de Clèves ayant contracté alliance ensemble par le mariage qui fut celebré entre Henry de Loraine Duc de Guise premier du nom, & Catherine de Clèves, leur alliance n'a pas empesché qu'ils n'ayent conservé le droit de succeder, qui procede du droit du Sang : Comme aussi les deux Familles ayant contracté une seconde alliance par le mariage qui fut celebré entre Charles de Gonzagues Prince de Mantoüe fils aisné d'Henriette de Clèves & Catherine de Loraine, fille de Charles de Loraine Duc de Mayenne : ce mariage n'a pas empesché que Charles de Gonzagues & Catherine de Loraine n'ayent conservé l'un & l'autre & à leurs descendans le droit du Sang, & leurs descendans se trouvant ensemble du Sang de Loraine & du Sang de Clèves ont droit aux successions qui peuvent échoir du costé & ligne de Loraine de Guise ; & du costé & ligne de Clèves. Peut-on dire que l'une des deux lignes a perdu son droit de succeder par les alliances qui ont esté contractées entre les deux lignes, & laquelle des deux lignes dira-t'on qui aura perdu son droit ? Sera-ce la ligne de Loraine, de Guise ? Où sera-ce la ligne de Clèves ? Cela n'a point d'apparence : Il y a donc necessité de dire que la ligne de Loraine de Guise a conservé son droit de succeder, & pareillement que la ligne de Clèves a conservé son droit de succeder, ils ont toûjours conservé leurs droits aux successions qui viendroient à échoir, tant du costé & ligne de Loraine de Guise, que du costé & ligne de Clèves : Mademoiselle de Guise estant venuë à deceder, & la rente dont il s'agit se trouvant dans sa succession ; Madame la Princesse de Condé & Madame la Duchesse d'Hanover qui sont descenduës de Charles de Gonzagues, de Catherine de Loraine de Guise leur ayeul & ayeule estant parens de Mademoiselle de Guise du costé & ligne des acquereurs de la rente, elles auroient droit d'y succeder comme estant du costé & ligne de Loraine de Guise, & encore comme estant du costé & ligne de Clèves. Ce sont deux droits distincts qui se trouvent réunis en mesmes personnes, elles auroient droit de succeder à la moitié de la rente à cause de la ligne de Loraine de Guise où elles se trouvent seules, & elles auroient droit de succeder à un quart de la rente à cause de la ligne de Clèves qui leur est commune avec Madame la Duchesse de Nemours, & Monsieur le Duc de Longueville son frere, Madame la Duchesse de Nemours n'estant point parente du costé & ligne de Loraine de Guise, elles ne peuvent pas pretendre mefme part à la rente que Madame la Princeffe de Condé, & Madame la Ducheffe d'Hanover. En effet fi Charles de Gonzagues Prince de Mantoüe & Catherine de Loraine n'avoient point contracté mariage enfemble, & que Charles de Gonzagues eût époufé une autre femme dont il y eût des defcendans, & que pareillement Catherine de Loraine eût eu un autre mary, dont il y eût eu des defcendans de l'un & l'autre mariage fe trouvant parens de Mademoifelle de Guife, les uns du cofté & ligne de Loraine, les autres du cofté & ligne de Clêves, Madame la Ducheffe de Nemours ne pouroit pas dire que les defcendans de Catherine de Loraine n'euffent pas droit de fucceder à la rente à caufe de la ligne de Loraine, comme auffi Madame la Ducheffe de Nemours ne pouroit pas dire que les defcendans de Charles de Gonzagues n'euffent droit de fucceder avec elle à la rente à caufe de la ligne de Clêves; de mefme auffi dans le fait particulier dont il s'agit il y a neceffité de dire que Charles de Gonzagues & Catherine de Loraine ayant contracté mariage enfemble, Madame la Princeffe & Madame la Ducheffe d'Hanover en eftant defcenduës, & eftant du Sang de Loraine de Guife, & du Sang de Clêves, elles ont droit de fucceder à la moitié de la rente, comme eftant elles feules du cofté & ligne de Loraine de Guife, & elles ont encore droit de fucceder à un quart de la rente à caufe de la ligne de Clêves qui leur eft commune avec Madame la Ducheffe de Nemours; laquelle auroit feulement droit de fucceder à l'autre quart à caufe de la ligne de Clêves.

Tout ce qui a efté objecté de la part de Madame la Ducheffe de Nemours a efté de dire, que le double lien n'avoit pas lieu dans la Couftume de Paris, qu'il y eftoit inconnu, & que par le Droit Romain il n'avoit lieu qu'entre les freres & enfans des freres; c'eft à dire lorfque les enfans d'un frere germain viennent à la fucceffion de leur Oncle avec un frere confanguin, ou uterin du deffunt, qui n'eftoit joint au deffunt que d'un cofté fuivant la Novelle 118. & les trois autentiques, *Cod. de legit. hæredibus.* On ajoute qu'il s'agit de fucceder à un propre, & qu'en Païs Couftumier le double lien n'a point lieu pour les propres.

La réponfe de Madame la Princeffe de Condé & de Madame la Ducheffe d'Hanover eft bien aifée, ce qui eft dit de la part de Madame la Ducheffe de Nemours du double lien ne peut avoir aucune application au fait dont il s'agit, les parties ne font point defcenduës de freres & fœurs, germains, confanguins, ou uterins iffus de pere & mere mariez plufieurs fois, Madame la Princeffe de Condé & Madame la Ducheffe d'Hanover font defcenduës de Charles de Gonzagues & de Catherine de Loraine leur ayeul & ayeule, elles font du Sang & cofté de Clêves à caufe de Charles de Gonzagues leur ayeul, & elles font encore du fang & du cofté de Loraine de Guife, à cauſe de Catherine de Loraine leur ayeule, elles ſont de la ligne de Cléves comme Madame la Ducheſſe de Nemours, mais Madame la Ducheſſe de Nemours n'eſt point du Sang & coſté de Loraine de Guiſe, & ne peut pretendre aucun droit aux propres qui viennent du coſté & ligne de Loraine de Guiſe. Pour la ſucceſſion des propres on regarde toûjours le droit des lignes, parce que les propres ſont affectez à la ligne d'où ils ſont venus & y doivent eſtre conſervez.

. Cela fait voir l'erreur du Conſeil de Madame la Ducheſſe de Nemours, d'avoir voulu confondre les droits des deux familles qui ont fait alliance enſemble par un mariage, avec le double lien dont il eſt parlé dans la Novelle 118. & dans les trois autentiques. *Cod de legitimis hæredibus.* Catherine de Loraine de Guiſe a conſervé le droit du ſang de Loraine à ſes deſcendans. Quand elle a eſté mariée à Charles de Gonzagues, le droit du Sang de Loraine de Guiſe ne s'eſt pas perdu & aneanty. Comme auſſi Charles de Gonzagues a conſervé le droit du Sang de Clèves à ſes deſcendans quand il s'eſt marié avec Catherine de Clèves.

Le Conſeil de Madame la Ducheſſe de Nemours a dans la ſuite bien reconnu qu'il s'eſtoit trompé d'avoir voulu confondre le double lien avec ces droits des deux lignes qui viennent de differentes familles qui ont contracté alliance enſemble, il a bien reconnu que le double lien dont il eſt parlé dans la Novelle 118. & dans les trois authentiques, *Cod. de leg. hæredibus*, & dans pluſieurs Couſtumes du Royaume ne pouvoit avoir aucune application au fait dont il s'agit. Il a changé de langage par ſes contredits : Il dit qu'on n'a point entendu parler dans la Couſtume de Paris de partager une ſucceſſion en deux lignes, que lors qu'une perſonne decede ſans enfans, ſes meubles & acqueſts appartiennent à ſon plus proche heritier ſans diſtinction de ligne, qu'à l'égard des propres on les donne au plus prochain heritier du deffunt du coſté dont ils ſont venus & échûs au deffunt ſuivant la regle *paterna paternis, materna maternis*, mais que la ſource de la queſtion de la double ligne eſt puiſée dans les Coûtumes du Maine & d'Anjou, qui portent que toutes ſucceſſions s'en vont en deux lignes; l'une de pere, l'autre de mere. Anjou art. 268. Le Maine, art. 286. Que Dupineau traite cette queſtion, *in terminis*; ſur l'article 268. de la Couſtume d'Anjou, & qu'il reſoult que quoyque la Couſtume d'Anjou admette la repreſentation à l'infiny en collaterale; il y a abſurdité dans cette pretention.

On répond de la part de Madame la Princeſſe de Condé & de Madame la Ducheſſe d'Hanover; que le Conſeil de Madame la Ducheſſe de Nemours tombe dans la confuſion quand il veut appliquer ce qui eſt dit par Dupineau ſur l'article 268. de la Coûtume d'Anjou. La queſtion dont il s'agit touchant les droits des deux lignes de

Loraine

Loraine de Guife & de Clèves. Pour la Couftume de Paris, le Confeil de Madame la Ducheffe de Nemours n'a pas bien entendu du Pineau ; car ce qui eft dit par cet Auteur fur l'article d'Anjou, ne peut pas avoir la moindre aplication à ce dont il s'agit & n'y peut avoir aucun raport. Premierement dans la Coûtume d'Anjou la reprefentation a lieu à l'infiny en ligne collaterale, & ce qui eft dit dans une Couftume où reprefentation a lieu à l'infiny en collaterale ne peut avoir aucune application à une Couftume qui n'admet pas pareille reprefentation. Voicy ce que dit Dupineau fur l'article 268. de la Couftume d'Anjou, cet Autheur explique l'effet de la reprefentation à l'infiny en collaterale pour les biens propres & pour les acquefts. Il dit que la reprefentation ne remonte pas plus haut que celuy qui a mis le premier l'heritage dans la famille qui eft l'Acquereur, qu'il n'y a que ceux qui reprefentent l'Acquereur qui ont droit d'y fucceder ; autrement qu'il y auroit de l'abfurdité & inconvenient, abfurdité en ce qu'il y auroit des Parens qui voudroient prendre du bien qui ne feroit pas de leur ligne ; inconvenient en ce que la reprefentation ayant lieu en cette Coûtume d'Anjou à l'infini ; il faudroit auffi remonter a l'infini aux pere & mere & autres predeceffeurs de l'acquereur de degré en degré, ce qui feroit un propre à l'infiny.

Il n'y a perfonne qui ne conçoive aifément que ce qui eft dit par Dupineau au lieu cité ne peut avoir aucune application à la queftion qui fe prefente dans la Couftume de Paris touchant les droits des deux lignes, & que la citation de Dupineau a efté faite trés mal à propos : La Coûtume de Paris n'admet la reprefentation en ligne collaterale que quand les Enfans des freres viennent à la fucceffion de leur Oncle avec les freres & & fœurs du decedé. La Coûtume de Paris veut que pour la fucceffion des propres en ligne collaterale les plus proches Parens du défunt du cofté & ligne de l'acquereur fuccedent. Madame la Princeffe de Condé & Madame la Ducheffe d'Hanover ne pretendent pas & n'ont jamais pretendu fucceder à un heritage qui ne fût pas de leur ligne : Ainfi on ne leur peut pas imputer l'abfurdité de Dupineau, on ne leur peut pas auffi objecter l'inconvenient dont parle Dupineau ; car elles ne pretendent point & n'ont jamais pretendu que la reprefentation euft lieu en collaterale à l'infini dans la Couftume de Paris ; elles n'ont auffi jamais pretendu faire remonter la reprefentation au de-là des acquereurs de la rente dont il s'agit : Madame la Princeffe de Condé & Madame la Ducheffe d'Hanover font parentes de Ma-

O

demoiselle de Guise du costé & ligne de ceux ausquels la rente a esté constituée par le Contract du 3. Mars 1646. Cela fait voir que le Conseil de Madame la Duchesse de Nemours n'a pas bien compris ce qui est dit par Dupineau, ou qu'il a voulu par là en faire une méchante application.

Un exemple sensible peut encore faire connoistre les droits des deux lignes de Loraine de Guise & de Clêves, & qu'il ne les faut pas confondre : Si Henry de Loraine & Catherine de Clêves avoient acquis la rente dont il s'agit pendant leur mariage & communauté, & qu'ils fussent decedez sans enfans, la moitié de la rente auroit appartenu à Catherine de Loraine Niece d'Henry de Loraine, & l'autre moitié de la rente auroit appartenu à Charles de Gonzagues ; & Catherine de Gonzagues Neveu & Niece de Catherine de Clêves qui auroient subdivisé cette moitié, & dans la suite Madame la Princesse de Condé & de Madame la Duchesse d'Hanover succedans à Charles de Gonzagues & à Catherine de Loraine de Guise leur ayeul & ayeule, elles auroient eu droit de succeder à la moitié de la rente du chef de Catherine de Loraine de Guise leur ayeule, & elles auroient encore droit de succeder à un quart de la rente du chef de Charles de Gonzagues leur ayeul. On doit dire mé-me chose dans le cas dont il s'agit.

Toutes ces raisons font voir que Madame la Duchesse de Nemours est mal-fondée dans toutes ses demandes.

*Monsieur D'EPINOY Conseiller Rapporteur.*

M. ROBERT DE St. MARTIN Avocat.

MARPON, Procureur.

De l'Imprimerie de JACQUES LE FEBVRE, ruë de la Harpe au Soleil d'Or, vis-à-vis la ruë S. Severin.

www.ingramcontent.com/pod-product-compliance
Lightning Source LLC
LaVergne TN
LVHW021812170726
843503LV00007B/3174